PROCÈS-VERBAL

DE

L'ASSEMBLÉE RENFORCÉE

DES

PROCUREURS DU PAYS,

NÉS ET JOINTS,

Du deuxieme Juin 1788.

A AIX,

De l'Imprimerie de B. GIBELIN-DAVID, & T. EMERIC-DAVID,
Avocats, Imprimeurs du Roi & des États de Provence.

M. DCC. LXXXVIII.

PROCÈS-VERBAL
DE
L'ASSEMBLÉE RENFORCÉE
DES
PROCUREURS DU PAYS,
NÉS ET JOINTS,

Du deuxieme Juin 1788.

L'AN mil sept cent quatre-vingt-huit, & le deuxieme du mois de Juin, l'Assemblée renforcée de MM. les Procureurs du Pays nés & joints a eu lieu, en exécution du Réglement des Etats, dans la maison de M. le Marquis de Bausset de Roquefort, où est logé Monseigneur l'Evêque de Fréjus, Procureur du Pays joint pour le Clergé; à laquelle Assemblée ont été présens :

Monseigneur Emmanuel-François de Bausset de Roquefort,

A ij

Evêque & Seigneur de Fréjus, Procureur du Pays jo[int]
pour le Clergé.

Monseigneur Jean-Joseph-Victor de Castellane Adhema[r]
Evêque & Seigneur de Senez, Procureur du Pays jo[int]
pour le Clergé.

MM. Pierre-Louis Demandolx de la Palu, Seigneu[r]
Marquis de la Palu, Meyreste & autres lieux; Jean-Josep[h]
Pierre Pascalis, avocat en la Cour; François-Joseph Ly[on]
de St. Ferreol; & Pierre-Jean-Baptiste Gerard, Ma[îtres]
Consuls, Assesseur d'Aix, Procureurs du Pays nés.

Monsieur Jean-Paul de Lombard, Marquis de Gourdo[n]
Seigneur de Courmes & de la Malle, Procureur du Pa[ys]
joint pour la Noblesse.

Monsieur Joseph de Villeneuve, Marquis de Bargemon[t]
Seigneur de St. Auban, Procureur du Pays joint pour [la]
Noblesse.

Monsieur Antoine-Boniface de Castellanne, Marquis [de]
Mazaugues, Procureur du Pays joint renforcé pour [la]
Noblesse.

Monsieur Jean Baptiste-Joseph David, Comte de Sad[e]
Marquis de Montbrun, Seigneur d'Eiguieres, Mondrago[n]
Barret, St. Auban, Ste. Euphemie, Vercoiran, Autane[t]
La Batie, Monsolery, & Monclus, Lieutenant Général d[es]
Provinces de Bresse, Bugey, Valromey, & Pays de Ge[x]
Procureur du Pays joint renforcé pour l'Ordre de la Nobles[se]

Le sieur Antoine-Roch Neviere, Avocat en la Cour
Maire premier Consul de la Communauté de Forcalquier
Procureur du Pays joint pour le Tiers-Etat.

Le sieur Claude Reguis, Avocat en la Cour, Maire premier Consul de la Communauté de Sisteron, Procureur du Pays joint pour le Tiers-Etat.

Le sieur Jean-Joseph Mougins de Roquefort, Avocat en la Cour, Maire premier Consul de la Communauté de Grasse, Procureur du Pays joint renforcé pour le Tiers-Etat.

Le sieur Joseph-François Bernard, Maire premier Consul de la Communauté d'Hieres, Procureur du Pays joint renforcé pour le Tiers-Etat.

En absence de MONSEIGNEUR L'ARCHEVEQUE D'AIX, Président des Etats, premier Procureur né du Pays ;
De Monseigneur l'Evêque de Digne, & de M. de Gaillard, Commandeur de Beaulieu, Procureurs du Pays joints renforcés pour le Clergé.

Monseigneur l'Evêque de Fréjus, Président de l'Assemblée, a dit : que suivant le Réglement adopté par les Etats, il sera rendu compte à cette Assemblée de tout ce qui a été fait, depuis l'Assemblée renforcée du premier Février dernier ; & elle délibérera ensuite sur tout ce qui doit être exécuté jusques à l'Assemblée renforcée du quatrieme Novembre prochain.

Mondit Seigneur l'Evêque de Fréjus a dit : que les circonstances actuelles exigeoient que l'Administration intermédiaire, dépositaire des droits & des maximes du Pays, s'empressât de *Opposition ; au nom des Etats, à transcription & publication des nouveaux Edits* préfenter à Sa Majefté les plus vives & les plus refpectueufes doléances fur l'atteinte portée à fa Conftitution par les nouveaux Edits; & il a prié M. Pafcalis, Affeffeur d'Aix, Procureur du Pays, de faire part à l'Affemblée de fes obfervations.

M. Pafcalis, Affeffeur d'Aix, Procureur du Pays, a dit :

MM.

Témoins de la confternation générale, de la fufpenfion des fonctions de nos Cours Supérieures, du danger qui menace la Magiftrature, & des atteintes portées à notre Conftitution; fpécialement chargés de veiller à la manutention des droits du Pays, vous ne montrerez fans doute pas moins de zele pour la confervation d'un dépôt auffi précieux, que tous les Ordres de la Province.

Si le plus cher des bienfaits de Charles d'Anjou, le dernier de nos anciens Comtes, nous fit paffer fous la domination des Rois de France, fa tendre follicitude s'étendant fur des Sujets fideles, jufques dans l'immenfité des fiecles, chercha moins à nous incorporer à un Etat plus puiffant, qu'à nous affurer un accroiffement de bienfait, en nous uniffant, principalement & fans fubordination, au Royaume de France.

Une union auffi précieufe n'a conftitué, ni le Pays Province du Royaume, ni le Comte de Provence, feul légitime Souverain des Provençaux, vaffal ou autrement dépendant du Roi de France.

Par une heureufe prévoyance, & par la plus refpectable de toutes les Loix, (le teftament de Charles d'Anjou) la Provence conferve toujours fon caractere de Pays *principal*, & le Roi de France n'en eft que le Protecteur, comme il ne peut que l'être du Comté de Provence.

Telle eft, MESSIEURS, la véritable Conftitution du Pays: tel eft le lien facré qui fut formé entre nos ancêtres & Louis XI, immédiatement après la mort de Charles d'Anjou : tels font les titres, qui dans tous les tems ont fait confirmer le Pays dans fes *droits, franchifes, libertés, conventions & privileges*, que le Roi promit, *parole de Roi*, & jura de garder, obferver & entretenir dans les Lettres patentes du mois d'Octobre 1486. Le Pays n'a jamais réclamé fans fuccès la parole facrée de nos Souverains.

Un Etat *principal* & indépendant doit avoir un régime qui lui foit propre, *un feul Roi, une feule Loi, un feul Corps repréfentant la Nation, & confentant les impôts, un feul enrégiftrement* (1), une Cour unique dépofitaire des Loix communes à tout le Pays.

Il doit concentrer en lui feul cette *unité de*

―――――――――――――――

(1) Difcours du Roi.

vues, & cet ensemble sans lequel il ne seroit plus Pays *principal* & indépendant (1).

Il ne peut avoir avec un autre état que des relations d'intérêt commun, inspirées pour le bonheur des Sujets respectifs. Mais les Loix qui lui sont propres doivent être incontestablement publiées & vérifiées dans les Cours Supérieures, chargées de rendre la justice aux Peuples, comme ne concernant & ne pouvant concerner que le Pays (2).

Les Loix communes, soit au Royaume, soit aux autres Provinces, lui sont étrangeres, si elles ne sont *principalement* provençales, comme émanées de la seule autorité du Comte de Provence, adressées par le Comte de Provence, & vérifiées par les seuls Tribunaux provençaux.

Toute Cour, qui pourroit être commune à tout le Royaume, seroit encore étrangere au Pays, dès qu'elle ne seroit pas provençale, siégeant en Provence, composée de membres provençaux, & formant ce Tribunal intermédiaire & vérificateur, dont l'Edit de Louis III, du 9 Novembre 1424, avoit si sagement consolidé les droits.

S'il pouvoit être dans les véritables intérêts du Royaume de n'avoir qu'une Cour Pléniere, une Cour *subsistante* pour vérifier les volontés du

___

(1) Discours de M. le Garde des Sceaux.
(2) Préambule de l'Edit.

du Souverain, & les tranfmettre au Peuple, la Provence, non moins Etat principal, doit également avoir cette Cour toujours également fubfiftante, qui feule peut vérifier fans fubordination les loix du Comte de Provence, & les tranfmettre aux Provençaux.

Nous devons donc regarder comme inné, conftitutionnel & fondamental, le droit de vivre encore fous la domination du Comte de Provence, de confentir librement les impôts, d'avoir notre Souverain, nos Loix, nos Tribunaux vérificateurs & intermédiaires, qui puiffent directement & *fans moyen*, porter aux pieds du Trône les doléances & les repréfentations du Peuple.

Cependant un nouveau fyftême de légiflation, foutenu de l'appareil le plus effrayant, & tranfcrit par ordre fupérieur, c'eft-à-dire fans Délibération libre, dans les regiftres de nos Cours, nous incorpore au Royame de France, à l'effet de n'en être plus qu'une Province.

Il nous enleve l'avantage d'offrir librement à nos Souverains des dons & des fubfides.

Il force les témoignages de notre zele, par la vérification des loix fifcales de la part d'un Tribunal nouveau, inconftitutionnel, étranger, & dans lequel le peuple n'eft aucunement repréfenté.

Par l'établiffement de plufieurs Tribunaux que nous devions nous flatter de ne plus connoître, après les traités de 1639, on détruit de fait,

B

sinon de droit, nos Tribunaux vérificateurs, seuls Juges des loix provençales, comme substitués à la Cour royale, chargée jadis de la vérification des volontés de nos Souverains.

On les destine à une inaction qui approche de l'anéantissement, & par cela même, on leur enleve le respect & la confiance des peuples.

On intercepte ce recours immédiat qui doit nécessairement exister entre la Cour suprême intermédiaire de Provence, & le Comte de Provence.

On subordonne l'exécution des Loix provençales à l'enrégistrement d'une Cour étrangere qui n'a nulle connoissance de nos Constitutions, de la misere du Pays, de l'ingratitude du sol, de l'étendue du terrein dévasté par les torrens & par les rivieres, des besoins du peuple, & qui cependant conservera sur notre Tribunal suprême, l'autorité plus suprême encore, de porter aux pieds du Trône ou de rejetter les représentations du Pays : En sorte que le Pays n'aura plus dans son sein ce Tribunal, soit vérificateur, soit intermédiaire.

Eh ! dans quelles conjonctures les droits du Pays reçoivent-ils une pareille atteinte ?

Quand nous trouvant dans des circonstances moins calamiteuses que les Provinces du Royaume de France, & pouvant concilier notre obéissance respectueuse avec les intérêts du Pays, le rétablissement de nos anciens Etats, désiré par la

Nation, n'a éprouvé aucune réſiſtance de la part des Cours. (1)

Quand nous avons béni la loi qui établit la liberté du commerce des grains. (2)

Quand nous avons félicité les Pays de corvée de la converſion de cette charge en preſtation pécuniaire. (3)

Quand nous avons reçu avec acclamation la loi qui fixe l'état civil des non catholiques, loi après laquelle ſoupiroit tout bon Provençal. (4)

Enfin, quand les Etats & la Nation, conſultant moins leurs facultés que leur amour pour le Souverain, oubliant la promeſſe ſolemnelle qui leur avoit été faite, que juſqu'en 1790 les Vingtiemes ne ſeroient point augmentés, ont volontairement offert une ſomme correſpondante à un troiſieme Vingtieme.

Le cours de la juſtice ſuſpendu, nos premiers Tribunaux fermés, la tranquillité publique ébranlée, la conſternation générale du Pays, la malheureuſe certitude que ce moment, que le Souverain reconnoît être un moment de criſe, ne peut jamais être converti en une époque ſalutaire pour la Provence, la ſubverſion totale de nos privileges, l'anéantiſſement de notre

---

(1) Motifs de l'établiſſement de la Cour Pléniere.
(2) Ibid.
(3) Ibid.
(4) Ibid.

Conſtitution, & le danger qui menace la Monarchie, exigent aujourd'hui, MESSIEURS, toute votre attention.

Dépoſitaires des droits du Pays, c'eſt à vous à prendre les moyens que votre ſageſſe vous inſpirera, pour faire réparer une ſurpriſe d'autant plus dangereuſe, qu'elle eſt préſentée comme devant former le régime univerſel & commun du Royaume de France & du Pays de Provence.

L'ASSEMBLÉE conſidérant que le nouveau ſyſtême de légiſlation eſt inſuſceptible d'aucune ſorte d'exécution en Provence.

Que la ſeule annonce du projet a répandu une conſternation générale.

Qu'il ne peut exiſter d'impôt en Provence, qu'il n'ait été conſenti par la Nation duement convoquée.

Que la Nation Provençale a toujours été, par elle-même ou par ſes repréſentans, au-devant des beſoins publics.

Que ſon conſentement ne peut être forcé par l'autorité d'aucun Tribunal, & moins encore d'un Tribunal étranger & inconciliable avec les véritables prérogatives de la Monarchie Françaiſe & Provençale.

Que la Cour Pléniere, incapable de concilier les intérêts du Souverain avec ceux des Peuples qu'elle ne peut connoître; eſpece de Corps ariſtocratique, dont la feule exiftence menaceroit tour à tour les droits du Prince & ceux de la Nation ; auffi contraire, dans fa formation que dans fa Conftitution, aux loix de la Monarchie, l'eft bien d'avantage à celles du Pays.

Que le droit qu'elle auroit de confentir les impôts, dérogeroit aux véritables droits de la Nation.

Que l'exécution provifoire de fes Arrêts en matiere d'impôt, auroit toute l'autorité de l'exécution définitive.

Que le Tribunal vérificateur des loix provençales, ne peut être que Provençal & fiégeant en Provence.

Qu'il ne peut pas être plus fubordonné à un Tribunal françois, que le Pays n'eft lui-même *fubalterné* au Royaume de France.

Qu'il importe effentiellement au Pays de fe maintenir dans le droit, vraiment conftitutionnel, de conferver fes Tribunaux vérificateurs & intermédiaires, & de les conferver avec cette plénitude d'indépendance & d'autorité qui leur a été confirmée, tant par nos anciens Comtes, que par Louis XI aux Etats de 1482, & par les Lettres patentes du mois d'Octobre 1486.

Que c'eft évidemment dénaturer la Conftitution provençale, que d'attribuer à une Cour Pléniere françaife, le droit de vérifier les loix ou les impôts qui doivent être exécutés ou levés en Provence.

Que tout de même que les Lettres en forme d'Edit, de Déclaration ou de Lettres patentes, qui n'intéreffent que le reffort ou l'arrondiffement d'une Cour, doivent être enrégiftrées par cette Cour (1), de même auffi toutes les loix deftinées pour la Provence, ne pouvant intéreffer que fon reffort, doivent être uniquement enrégiftrés par nos Tribunaux Provençaux.

Que les Edits, qui enlevent au Pays cette portion précieufe de fa Conftitution, n'ont point été enrégiftrés : qu'ils n'ont été que tranfcrits illégalement & d'autorité fur les regiftres, & fans Délibération préalable des Cours, & par conféquent fans vérification.

Que pareille tranfcription, faite avec l'appareil militaire, ne peut fuppléer la Délibération & la vérification des Cours.

Que nous n'entendons pas par ce que le Roi peut, le pouvoir de la force (2), Sa Majefté ne voulant regner que par la juftice.

Que cette tranfcription a été faite nonobftant l'oppofition du miniftere public & des Cours.

Que cette violation de toutes les formes tend à anéantir nos Tribunaux vérificateurs.

Que pour parvenir avec plus de fuccès à cet

---

(1) Art. 17 de l'Edit.
(2) Procès-verbal des Etats, pag. 70.

anéantiſſement, leur Juriſdiction a été démembrée, & qu'il a été créé cette foule de Tribunaux contre leſquels le Pays s'eſt élevé de tous les tems.

Que l'on ne crut pas devoir établir des Préſidiaux en Provence, lors de la création des Préſidiaux dans le Royaume, *étant le reſſort du Parlement de fort petite étendue.*

Que c'eſt enfin une opération deſtructive de la Loi fondamentale du Pays, dans ſon enſemble, & dans ſes parties intégrantes,

A DELIBERÉ que pour, & au nom des Etats, adhérant à l'oppoſition déclarée par le Miniſtere public & par les Cours, il ſera formé oppoſition à la tranſcription & publication des ſuſdits Edits, & notamment à celui portant établiſſement de la Cour Pléniere.

Qu'il ſera donné connoiſſance de cette oppoſition à MM. les Commiſſaires du Roi, par Mgr. l'Evêque de Fréjus, Préſident; Mgr. l'Evêque de Senez, M. le Marquis de la Palu, M. le Marquis de Gourdon, & M. Neviere, Conſul de Forcalquier, qui ſe tranſporteront à cet effet chez MM. les Commiſſaires du Roi, & leur remettront une expédition de la préſente Délibération.

Qu'auſſitôt que les Cours reprendront leur ſéance, MM. les Procureurs du Pays ſe porteront en la Grand'Chambre des deux Cours, y demanderont qu'il leur ſoit concédé acte de la fufdite oppofition, & que la préfente Délibération foit infcrite dans les Regiftres.

Qu'au moyen de la fufdite oppofition, il fera requis que le teftament de Charles d'Anjou, les Lettres patentes de 1481, 1482 & 1486, & autres Traités intervenus entre le Souverain & la Nation, continueront d'être intégralement exécutés.

Que le Pays continuera d'être Pays principal, nullement *fubalterné*, uni principalement au Royaume, & vivant fous la domination du Comte de Provence.

Qu'il fera maintenu dans le droit d'offrir librement des dons & des fubfides, & qu'aucun impôt ne pourra être levé en Provence, qu'il n'ait été confenti par la Nation, & duement vérifié.

Qu'il fera encore maintenu dans le droit d'avoir exclufivement dans fon fein fes Tribunaux intermédiaires, & vérificateurs de toutes Lettres en forme d'Edit, d'Ordonnance & de Déclaration.

Qu'aucunes defdites Lettres ne pourront être exécutées en Provence, avant d'avoir été librement vérifiées & enrégiftrées par les fufd. Tribunaux, lefquels continueront d'adreffer directement & *fans moyen*, telles remontrances ou repréfentations au Souverain qu'ils jugeront utiles ou convenables, pour le plus grand bien du Pays.

Que

Que jufqu'après la fufdite vérification & enrégiftrement libres, lefdits Edits, Ordonnances ou Déclarations feront regardés comme non obvenus, en force des capitulations & titres du Pays, & notamment de l'Edit de Louis III; & que les Peuples ne feront nullement tenus de les reconnoître & exécuter.

L'Assemblée a encore délibéré de renouveller les réclamations conftamment faites par le Pays dans tous les tems contre la création des nouveaux Tribunaux, le démembrement des Tribunaux exiftans, & pour l'exécution du Traité de 1639.

Comme auffi que Sa Majefté fera fuppliée de faire ceffer la confternation dans laquelle tout le Royaume eft actuellement plongé, de faire retirer les nouveaux Edits, notamment celui de la Cour Pléniere, & de donner à fes Peuples un nouveau témoignage de protection & de bonté, en rendant au Royaume & au Pays de Provence leurs droits & leur tranquillité.

Il a été encore délibéré que Sa Majefté fera fuppliée de convoquer inceffamment l'Affemblée des Etats généraux du Royaume, comme le moyen le plus propre de pourvoir aux befoins publics, de ramener l'ordre, de rétablir le crédit & la confiance, & de faire ceffer l'état de convulfion & de crife dont on ne peut prévoir les fuites; & que la demande en fera faite par les Députés du Pays, chargés de préfenter à Sa Majefté le Cahier des Etats.

C

*Le troisieme dudit mois de Juin, il n'y a
point eu de séance.*

Du quatrieme dudit mois de Juin.

<small>Arrivée de M. l'Evêque de Digne.</small>

MOnseigneur François de Mouchet de Villedieu, Evêque de Digne, Procureur du Pays joint renforcé pour le Clergé est entré dans l'Assemblée, & a pris sa place.

<small>Etat des mandemens expédiés depuis le premier février dernier.</small>

MM. les Procureurs du Pays ont présenté à l'Assemblée l'Etat des mandemens expédiés sur chaque objet d'imposition, depuis l'Assemblée renforcée du mois de Février dernier.

Ces états ont été lus & remis au Greffe.

<small>Lecture du procès-verbal de la derniere Assemblée renforcée.</small>

Il a ensuite été fait lecture du Procès-verbal de l'Assemblée renforcée du premier Février dernier.

<small>Relation faite par M. l'Assesseur.</small>

Après quoi M. Pascalis, Assesseur d'Aix, Procureur du Pays, a rendu compte à l'Assemblée de tout ce qui avoit été fait par MM. les Procureurs du Pays depuis le seize Février dernier, soit en exécution des délibérations de la derniere Assemblée renforcée, soit en exécution des délibérations des Etats.

<small>Lecture du cayer des remontrances.</small>

Il a lu ensuite à l'Assemblée le Cahier qu'il avoit été chargé de rédiger, sur les différens objets de remontrances délibérés par les Etats.

Sur quoi l'Assemblée a déclaré que les différens Bureaux qui seront formés dans cette

Affemblée, s'occuperont refpectivement des divers articles de la relation faite par M. l'Affeffeur, & du cahier qu'il a rédigé, pour y être délibéré dans les féances fuivantes.

MM. les Procureurs du Pays nés ont remis à l'Affemblée l'état des arrérages dus par les Communautés aux Receveurs des Vigueries.

Arrérages dus par les Communautés aux Receveurs des Vigueries.

L'Affemblée a obfervé que quelques Receveurs de Viguerie n'avoient pas envoyé au Greffe des Etats le tableau des arrérages qui leur font dus; elle a été informée que le Receveur des Vigueries de Caftellanne, Annot & Val de Barreme, n'a jamais fatisfait à cette obligation, malgré les lettres qui lui ont été écrites chaque année par MM. les Procureurs du Pays. Elle a chargé en conféquence MM. les Procureurs du Pays de veiller exactement à ce que les Receveurs de Viguerie remettent au Greffe des Etats, à l'expiration de chaque quartier, l'état des arrérages qui leur font dus, ainfi qu'ils y font obligés par le bail de la tréforerie du Pays, homologué par la Cour des Aides; d'écrire au Receveur des Vigueries de Caftellanne, Annot & Val de Barreme, pour lui enjoindre de remettre inceffamment les états des arrérages qui lui font dus, & finalement de prendre les voies de droit pour contraindre, en cas de refus, tout Receveur de Viguerie à remplir fes obligations.

Elle a prié MM. les Procureurs du Pays de veiller, dans l'examen des impofitions faites par chaque Communauté, à ce que l'impofition dé-

Impofitions des Communautés.

libérée suffise à l'acquittement des charges ordinaires, & à l'extinction d'une partie des arrérages dus au Receveur de la Viguerie; de prendre les voies de droit pour les y contraindre, si elles se refusent aux invitations qui leur seront faites; & de rendre compte à l'Assemblée renforcée du quatrieme Novembre prochain des impositions délibérées par les Communautés, & de la situation desdites Communautés envers le Receveur de la Viguerie.

Formation des Bureaux.

On a procédé ensuite à la formation des différens Bureaux. L'Assemblée a pensé que d'après le nombre & la nature des affaires dont elle aura à s'occuper pendant cette tenue, il suffiroit de former pour cette fois deux Bureaux, dont l'un s'occuperoit des impositions, de l'opération conjointe de l'affouagement & de l'afflorinement & des affaires diverses; & l'autre des travaux publics.

Monseigneur l'Evêque de Fréjus a nommé les membres des différens Bureaux, ainsi qu'il suit :

Bureau des impositions, affouagement & afflorinement, & affaires diverses.

Monseigneur l'Evêque de Senez.
M. le Marquis de la Palu.
M. Pascalis.
M. Gerard.
M. le Marquis de Villeneuve Bargemon.
MM. les Consuls de Forcalquier & de Grasse.

Bureau des travaux publics.

Monseigneur l'Evêque de Digne.
M. Pascalis.
M. de St. Ferreol.
M. le Marquis de Gourdon.
M. le Marquis de Castellanne Mazaugues.
M. le Comte de Sade.
MM. les Consuls de Sisteron & d'Hieres.

Du cinquieme dudit mois de Juin.

MOnseigneur l'Evêque de Fréjus, a dit : qu'en exécution de la délibération prise dans la séance du deuxieme de ce mois, il s'est rendu, avec MM. les Députés qui y sont dénommés, chez MM. les Commissaires du Roi. MM. les Députés leur ont donné connoissance de l'opposition formée, au nom des Etats, à la transcription des nouveaux Edits, & notamment de celui portant établissement de la Cour Pléniere ; & de l'adhésion de l'Assemblée, au nom desdits Etats, à l'opposition déclarée à cet égard par le Ministere public & par les Cours ; & ils ont remis à chacun de MM. les Commissaires, un extrait de la délibération du deuxieme de ce mois.

Rapport de MM. les Députes vers MM. les Commissaires du Roi.

MM. les Députés ont été reçus par MM. les Commissaires du Roi, avec les honneurs d'usage, & ont reçu les mêmes honneurs à leur sortie.

M. Pascalis, Assesseur d'Aix, Procureur du

Relation de

M. l'Assesseur sur les affaires relatives aux travaux publics.

Pays, a fait le rapport à l'Assemblée de tout ce qui avoit été fait jusques aujourd'hui par l'Administration, en exécution des délibérations prises, soit par les Etats, soit par l'Assemblée renforcée du premier Février dernier, relativement aux travaux publics.

Sur quoi, il a été délibéré que ce rapport sera référé au Bureau des travaux publics, afin que l'Assemblée puisse prendre, dans les séances suivantes, des délibérations sur les objets qui en paroîtront susceptibles.

Dépense sur le chemin de Lorgues à Draguignan: approbation.

Monseigneur l'Evêque de Digne, Président du Bureau des travaux publics, a dit: qu'on a exposé au Bureau que le nommé Bonnefoi avoit fait, en exécution des ordres de l'Administration, une réparation utile & nécessaire sur le chemin de Lorgues à Draguignan. La dépense a monté à la somme de six cent treize livres douze sols. Elle n'avoit cependant été ordonnée par l'Administration, que jusques à la concurrence de cinq cent cinquante livres. Le Bureau a pensé que l'Assemblée pouvoit approuver cet excédent de dépense.

Ce qui a été unanimement délibéré.

Ouvrages nécessaires pour l'entiere perfection des travaux de Fréjus.

Mondit Seigneur l'Evêque de Digne, a dit: que le Sr. Sigaud, second Ingénieur du Pays, a présenté au Bureau le devis de trois ouvrages nécessaires pour l'entiere perfection des travaux de Fréjus: le premier, pour la construction d'un pont sur le Reiran, est estimé à la somme de **deux mille soixante-dix liv. quinze sols neuf de-**

niers; le second, pour la construction d'une chauffée de retenue, est évalué à mille cent quatre-vingt-deux livres huit sols quatre deniers; le troisieme, pour des réparations aux ouvrages déja faits; ces réparations sont estimées à huit mille cinq cent soixante-treize livres cinq sols neuf deniers. Le même Ingénieur a assuré qu'il étoit nécessaire de construire trois portes d'écluse en bois. Il en a évalué la dépense à deux cent quatre-vingt-trois livres sept sols; ensorte que tous ces objets montent à la somme de douze mille cent neuf livres seize sols dix deniers: Le Bureau a pensé qu'on pouvoit délibérer l'exécution de ces différens ouvrages, après les avoir exposés aux encheres, & en avoir fait la délivrance, en conformité du Réglement des Etats.

Ce qui a été unanimement délibéré.

Mondit Seigneur l'Evêque de Digne, a dit: que le Bureau s'est occupé de l'état de situation des fonds destinés aux travaux de Fréjus.

Etat des fonds destinés aux travaux de Fréjus.

Les ouvrages faits, & ceux dont l'Assemblée vient de délibérer l'exécution, montent à la somme de deux cent quatre-vingt-six mille cent quarante livres neuf sols. Les fonds provenans des secours du Roi & du Pays, consistent en la somme de trois cent mille livres. Il restera donc dans la caisse du Pays, à la fin de la présente année, époque à laquelle l'entreprise sera entierement achevée, un excédent de treize mille huit cent cinquante-neuf livres onze sols. Il faudra peut-être prélever sur cette derniere fomme, le montant d'une indemnité demandée par l'Entrepreneur, & fur laquelle la préfente Affemblée aura bientôt à délibérer. On préfume qu'il reftera une fomme d'environ dix mille livres, pour former un capital dont l'intérêt fervira à l'entretien annuel des ouvrages.

Du fixieme dudit mois de Juin.

Rejet de la demande de l'Entrepreneur du chemin de Laurade à Tarafcon.

Monfeigneur l'Evêque de Digne, Préfident du Bureau des Travaux publics, a dit que le nommé Jean Dubois, de la ville de Tarafcon, réclame la fomme de 652 liv. qu'il prétend être dues par le Pays à fon pere, pour des travaux faits en 1786 fur le chemin de Laurade à Tarafcon. Il a été vérifié que Dubois pere étoit chargé de l'entretien de ce chemin depuis le 4 octobre 1783, & pour trois années, qui font échues le 4 octobre 1787, & qu'il a été payé chaque année du prix de fon entretien. Le Bureau a penfé que la demande du nommé Dubois devoit être rejettée.

L'Affemblée a adopté l'avis du Bureau.

Chemin de La Combe à St. Donat.

Pierres qui gênent le paffage.

Mondit Seigneur l'Evêque de Digne a dit : l'Entrepreneur du chemin d'Aix à Sifteron, dans le terroir de Peyruis, fe plaint que la veuve Vitou, propriétaire du Cabaret de La Combe St. Donat, a placé des tas de pierres fur le chemin; que le paffage eft gêné, & que la veuve Vitou a refufé d'enlever ces pierres, malgré les ordres de l'Ingénieur du département.

Le Bureau a penfé que l'Adminiftration devoit

voit écrire aux Confuls du lieu, pour obliger la veuve Viton à enlever ces pierres.

Ce qui a été unanimement délibéré.

Mondit Seigneur l'Evêque de Digne a dit : *Pallieres de* que les Seigneurs & la Communauté de Ca- *Cabanes.* banes demandent que l'Adminiftration délibére fur le fecours que le Pays a promis de fournir pour la réparation de la Palliere dite la Magdeleine. L'Affemblée générale des Communautés de 1786 avoit accordé une fomme de trois mille livres, mais les Etats n'ayant fait aucune difpofition à cet égard, le Bureau a penfé qu'il n'y avoit lieu de délibérer en l'état, fauf aux Seigneurs & à la Communauté de Cabanes de fe pourvoir aux prochains Etats.

Ce qui a été unanimement délibéré.

Mondit Seigneur l'Evêque de Digne a dit : *Réparations* qu'avant la tenue des Etats, MM. les Procu- *à la montée de* reurs du Pays avoient ordonné des réparations *Lefterel.* indifpenfables fur la route d'Italie, depuis la montée de Lefterel jufques à la Napoule. L'entrepreneur avoit été autorifé à y employer deux mille livres ; la dépenfe a monté cependant à deux mille fix cent quatre-vingt-dix-neuf livres trois fols. Le Bureau a penfé que cet excédent de dépenfe pouvoit être approuvé par l'Affemblée.

Ce qui a été unanimement délibéré.

Mondit Seigneur l'Evêque de Digne a dit : *Digue fur le*

Verdon à Cas-tellane. que les propriétaires possédans biens le long du torrent de Clastres, dans le terroir de Castellane, demandent le dédommagement du préjudice qu'ils ont souffert par l'effet de la construction de la grande digue sur le Verdon. Le Bureau a pensé que le Pays ne sauroit être responsable des dommages que les particuliers peuvent avoir soufferts; que si la demande de ces propriétaires est fondée, ils doivent être indemnisés par la Communauté de Castellane, qui profite seule des ouvrages construits dans son terroir.

Ce qui a été unanimement délibéré.

Recette d'une partie du chemin de Barjols à Sillans. Mondit Seigneur l'Evêque de Digne a dit : qu'il a été fait sur le chemin de Barjols à Draguignan, dans le terroir de Sillans, & par ordre de MM. les Procureurs du Pays, une réparation par économie. Cet ouvrage est achevé. La dépense excede la somme de trois mille livres. On a demandé par qui la recette de cet ouvrage devoit être faite. Le Bureau a pensé que l'ouvrage ayant été ordonné avant la tenue des Etats, & ayant été fait par économie, MM. les Procureurs du Pays devoient être dispensés d'accéder sur les lieux, pour proceder à la recette, & qu'il suffiroit de faire procéder à la vérification des comptes & du travail de l'Entrepreneur, par l'Ingénieur en chef & par celui du Département.

Ce qui a été unanimement délibéré.

Opérations re- Mondit Seigneur l'Evêque de Digne, a dit :

Que le sieur Fabre, Ingénieur hidraulique du Pays & Directeur du canal Boisgelin, ayant été chargé de faire les plans & nivellemens d'une branche de dérivation qui porteroit les eaux du canal Boisgelin à Marseille, a éprouvé des difficultés de la part de M. le Marquis de Panisse, Seigneur de la Manon, dont il étoit obligé de traverser le domaine pour faire ces opérations, & de la Communauté de Salon dans le terroir de laquelle il devoit également travailler. La Communauté de Salon lui a même fait signifier une délibération de son Conseil municipal, portant de se pourvoir au Juge local en opposition à la dérivation de ce canal & aux opérations projettées.

latives au projet de dérivation d'une branche du canal Boisgelin à Marseille.

L'Assemblée, après avoir entendu le Sr. Fabre, & lecture faite de la copie de la délibération prise par la Communauté de Salon, & des Arrêts du Conseil des 20 Février & 7 Juin 1783, par lesquels le Pays est autorisé, nonobstant opposition ou appellation quelconque, à la construction des canaux de dérivation du canal Boisgelin, & à traverser les terres des particuliers & des Communautés, même des Communautés des Terres adjacentes, en payant le prix du terrein & les dommages, a unanimement délibéré que MM. les Procureurs du Pays écriront à M. le Marquis de Panisse pour le prier de ne mettre aucun obstacle aux opérations du sieur Fabre, & pour l'assurer que le sieur Fabre ne continuera ses opérations, qu'après la récolte, & que les Communautés & les particuliers seront indemnisés de tous les dommages qui pourroient être faits. Il a été encore délibéré que MM. les Procureurs du Pays écriront aux Confuls de la ville de Salon, & leur enverront une expédition des Arrêts du Confeil des 20 Février & 7 Juin 1783, qui établiffent les droits du Pays, dans l'étendue même de Terres adjacentes, nonobftant oppofition ou appellation quelconque, les inviteront en même tems à ne mettre aucun obftacle aux opérations du fieur Fabre, leur affureront auffi que ces opérations ne feront continuées qu'après la récolte, & que leur Communauté & les particuliers feront indemnifés des dommages qu'ils éprouveront.

Indemnité réclamée par l'Entrepreneur des travaux de Fréjus.

Mondit Seigneur l'Evêque de Digne, a dit: que l'Entrepreneur adjudicataire des travaux de Fréjus, expofe à cette Affemblée, que d'après fon devis, il étoit obligé d'extraire trois cent vingt-deux toifes cubes de rocher au prix de vingt-quatre livres la toife; qu'il a cependant enlevé fept cent quatre-vingt-trois toifes, quatre pieds cubes, c'eft-à-dire, quatre cent foixante-une toifes, quatre pieds cubes de plus; qu'il a perdu confidérablement fur le prix de l'extraction defdites toifes de rocher; qu'il réfulte d'un toifé & d'un rapport faits par les fieurs Vallon & Sigaud, qu'il a été réellement enlevé la quantité de fept cent quatre-vingt-trois toifes, quatre pieds cubes de rocher, & que la dépenfe de l'extraction à dû coûter, au plus bas prix, à cet Entrepreneur, trente livres dix fols la toife, au lieu de vingt-quatre livres, prix porté par le devis. l'Entrepreneur croit devoir réclamer une augmentation de prix, non fur les trois cent vingt-deux toifes cubes de rocher qui étoient comprises dans son prix-fait, mais sur les quatre cent soixante-une toises quatre pieds cubes du surplus. Il a été vérifié que l'entrepreneur avoit été payé des sept cent quatre-vingt-trois toises quatre pieds cubes, sur le pied de vingt-quatre livres la toise. C'est à l'Assemblée à décider si elle doit avoir égard à cette demande.

Sur quoi l'Assemblée, après avoir ouï les sieurs Vallon & Sigaud, & après avoir entendu la lecture du rapport par eux dressé le 12 Décembre 1785, a délibéré qu'il sera payé à l'Entrepreneur adjudicataire des travaux de Fréjus, une augmentation de six livres dix sols par toise, pour ces quatre cent soixante-une toises quatre pieds cubes du rocher qu'il a enlevées, au-dessus de la quantité portée par le devis & par le bail.

Du septieme dudit mois de Juin.

MOnsieur Pascalis, Assesseur d'Aix, Procureur du Pays, a dit :

Nous devions croire que toutes les Communautés de la Province partageroient notre consternation, notre inébranlable attachement aux droits du Pays; & qu'également sensibles aux atteintes que reçoit aujourd'hui la Constitution, aucune d'elles n'oseroit se refuser à la soutenir & à la défendre.

Dénonciation de la délibération de la Communauté de Draguignan, du 25 Mai dernier.

L'exemple de nos peres nous traçoit la conduite que nous avions à suivre. Les registres de nos États & des Assemblées générales des Communautés sont pleins de délibérations, où se trouvent consignées les preuves de notre attachement à nos droits, de notre courageuse résistance envers la création de ces Tribunaux, qui, en démembrant l'autorité & les fonctions des Cours supérieures du Pays, représentatives de notre Cour royale, seule chargée de la vérification des Loix, ont toujours été regardés comme tendans à faciliter *l'établissement de plusieurs Edits préjudiciables à la Province.*

Ce furent, MESSIEURS, les réclamations unanimes & persévérantes de tous les Ordres du Pays, qui, en l'année 1639, opérerent la révocation de l'Edit portant création de trois Sieges présidiaux dans les villes d'Aix, Forcalquier & Draguignan.

Les efforts de notre zele, nos doléances respectueuses, une opposition authentique & universelle devoient naturellement suivre la promulgation des nouveaux Edits. Jamais nos droits ne furent attaqués plus directement, jamais il ne fut plus nécessaire de porter aux pieds du Trône les justes supplications d'une Nation libre, fidele & généreuse que l'on vient de frapper dans tous les points de son existence politique.

L'Ordre de la Noblesse, l'Assemblée générale de l'Ordre du Tiers, des Communautés particulieres, telles que celles d'Aix, de Grasse, ont exprimé le sentiment de leur douleur profonde, & cet attachement à notre Constitution dont vous avez vous-même, dans la premiere de vos séances, consacré solemnellement la justice.

Pourquoi faut-il qu'au milieu de ce concert de zele & de réclamation unanime, nous soyions obligés de nous élever contre la défection d'une seule Communauté de cette Province ? Pourquoi la Communauté de Draguignan, abjurant tout-à-coup nos principes domestiques, méconnoissant ses devoirs & ses vrais intérêts, nous force-t-elle à réclamer contre une scission allarmante qui l'isole du reste de la Province ?

Nous n'insisterons pas, MESSIEURS, sur les réflexions affligeantes que vous inspirera la lecture de la délibération de cette Communauté, & du comparant qui l'a précédée. Nous nous bornons à mettre le tout sous vos yeux, & nous laissons à votre sagesse la détermination à prendre sur une démarche désavouée par tous les bons Citoyens, avant même que nous puissions la soumettre à votre censure.

Lecture faite de la délibération de la Communauté de Draguignan du vingt-cinquieme Mai dernier, & du comparant qui l'a précédée.

L'Assemblée a déclaré qu'elle improuvoit la délibération de la Communauté de Draguignan du vingt-cinquieme Mai dernier, comme contraire à l'intérêt du Pays, à celui de nos Tribunaux vérificateurs & intermédiaires, au vœu des Etats & des Assemblées générales, constamment exprimé, dans une suite de délibérations depuis 1581 jusqu'en 1639, au traité de la même année, à la délibération de l'Ordre du Tiers-Etat convoqué à Lambesc le quatrieme Mai dernier, à la délibération de la présente Assemblée du deux de ce mois.

Elle a chargé MM. les Procureurs du Pays d'envoyer une expédition de la présente délibération, & de celle prise dans la séance du deux de ce mois à la Communauté de Draguignan, de lui enjoindre d'inscrire la présente délibération dans ses registres, le Conseil séant, & d'en certifier MM. les Procureurs du Pays; & qu'à défaut MM. les Procureurs du Pays requerront aux prochains Etats que l'assistance y soit refusée au Député de la Communauté de Draguignan.

Le huitieme dudit mois de Juin, il n'y a point eu de séance.

Du neuvieme dudit mois de Juin.

Notification à Monseigneur le Comte de Caraman, de la Délibération du 2 de ce mois.

L'Assemblée, instruite que Monseigneur le Comte de Caraman, Commandant en chef dans le Pays & Comté de Provence, doit arriver incessamment en cette Ville, en vertu des ordres de Sa Majesté, a délibéré: que l'Assemblée se rendra chez lui, & lui donnera connoissance de la Délibération prise dans la séance du deuxieme de ce mois.

Demande du logement pour la Compagnie des Pertuisaniers.

Monseigneur l'Evêque de Senez, Président du Bureau des affaires diverses, a dit: que M. Malouet, Intendant de la Marine à Toulon, a demandé à l'Administration intermédiaire par une note de lui signée, qu'il fût accordé un logement en cazerne à la Compagnie des Pertuisaniers chargés de la garde des Forçats; il expose que cette troupe est formée sur un pied militaire, & qu'elle est actuellement dispersée, faute

faute de logement, dans les lieux de l'Arcenal les plus écartés. Le Bureau a pensé qu'il n'y avoit lieu à délibérer sur cette demande.

L'Assemblée a adopté l'avis du Bureau.

Mondit Seigneur l'Evêque de Senez a dit : M. l'Intendant écrivit à MM. les Procureurs du Pays le 29 Avril dernier, qu'il avoit été établi une Brigade à pied de Maréchauffée, composée de trois Cavaliers à pied, & d'un Cavalier monté, à Lesterel ; que depuis cet établissement il n'avoit été commis aucun vol sur cette route.

Logement d'une Brigade de Maréchauffée à Lesterel.

Qu'il étoit du plus grand intérêt pour la sûreté publique, que ce poste fût conservé ; mais qu'il ne s'y trouvoit qu'une seule maison, dont une partie étoit occupée par Madame de Lesterel, & l'autre par le Maître de la poste.

Que les quatre hommes qui composent la Brigade de Maréchauffée logeoient tous ensemble dans un galetas sans cheminée, où il n'étoit pas possible qu'ils puissent rester.

Que l'unique moyen pour conserver un établissement aussi utile, seroit de prendre deux chambres dans la partie de la maison occupée par Madame de Lesterel, qui veut bien se prêter à cet arrangement ; mais au lieu de 210 liv. que paye la Province pour le logement de la Brigade, elle demande 300 liv., & 100 liv. en sus, si elle faisoit construire une habitation dehors pour cette destination.

E

M. l'Intendant ajoute, que pour entrer dans les deux chambres dont il s'agit, il faudroit passer par un cabinet à l'usage de l'Aubergiste, qui a déclaré ne vouloir pas le céder, à moins qu'on ne lui donnât 96 liv. par an; mais qu'on pouvoit prendre cette petite piece qui est sur l'escalier, & qu'en lui payant 20 ou 15 liv., il auroit lieu d'être content.

Qu'il en résultera une augmentation de charge pour le Pays; mais que la sûreté publique paroît exiger que l'on fasse quelque sacrifice.

MM. les Procureurs du Pays n'ont pas cru devoir prendre sur eux de donner une réponse positive; & de surcharger le Pays de cette augmentation de dépense; ils ont répondu à M. l'Intendant qu'ils auroient l'honneur de référer sa lettre à la présente Assemblée.

Le Bureau a pensé que l'Assemblée pouvoit consentir à cette augmentation de dépense, attendu l'utilité évidente de l'établissement d'une Brigade de Maréchaussée à Lesterel.

Ce qui a été délibéré provisoirement, & sauf la ratification des prochains Etats.

Mondit Seigneur l'Evêque de Senez, a dit:

Droit d'amortissement. Intervention en faveur des Hôpitaux.

Les Recteurs de l'Hôpital de Draguignan exposent, que le Fermier des Domaines leur demande un droit d'amortissement pour un legs de vingt mille livres qui leur a été fait, à condition qu'ils marieroient annuellement deux pauvres filles, & qu'ils donneroient à chacune d'elles cent cinquante livres.

Quoique ce legs ne soit payable qu'après la mort de l'épouse du testateur, qui en a l'usufruit, le Fermier n'en a pas moins demandé le droit d'amortissement de six mille livres formant le capital destiné à la dotation des pauvres filles.

La prétention est sans doute injuste.

La main-morte n'est pas obligée de payer le droit d'amortissent, avant que la délivrance de son legs lui ait été faite. M. l'Assesseur a indiqué, la relation faite aux derniers Etats, dans les différens Arrêts du Conseil qui l'ont décidé de même. Ils sont rapportés dans le Procès-verbal, pag. 300.

Il est également certain que le legs fait en argent à la main-morte, chargée de fondation, n'est point soumis au droit d'amortissement, quand le montant en est employé en rentes privilégiées sur le Clergé, ou procédant des emprunts que le Pays fait pour le compte du Roi. C'est ce qui est encore établi dans la relation de M. l'Assesseur aux Etats, pag. 301 du Procès-verbal.

MM. les Procureurs du Pays écrivirent, le 13 Mai dernier, au Directeur des Domaines à Aix, qu'il devoit se contenter de la soumission des Hôpitaux à justifier du placement sur le Clergé ou sur la Province, dans les emprunts

E ij

faits pour le compte du Roi, quand toutefois la délivrance des legs auroit été faite aux Hôpitaux.

Le Directeur des Domaines répondit, le 16 du même mois, & envoya la copie d'une lettre qu'il avoit écrite à Monseigneur l'Evêque de Fréjus, par laquelle il insistoit à la perception du droit, sans néanmoins parler de l'offre de placer dans l'emprunt ouvert pour le compte du Roi.

MM. les Procureurs du Pays écrivirent alors aux Recteurs des Hôpitaux de Draguignan de former opposition au commandement, & ils ont mandé par leur lettre du 23 Mai, qu'ils l'avoient formée.

Il seroit bien nécessaire qu'en venant au secours des Hôpitaux de Draguignan, on garantît le Pays d'une exaction qui n'est ni juste ni légale. Le Bureau a pensé que l'Assemblée devoit accorder l'intervention du Pays aux Hôpitaux & à tous gens de main-morte qui pourroient être attaqués à l'avenir pour le paiement de pareil droit.

Ce qui a été délibéré.

Mondit Seigneur l'Evêque de Senez a dit:

Evocations. Intervention en faveur de M. de St. Cezaire.

M. de St. Cezaire expose qu'il est créancier du Marquis de Cabris d'un capital de vingt mille livres; qu'il lui est dû deux années d'arrérages, & que quand il a voulu se faire payer,

Madame la Marquife de Cabris, nommée curatrice à l'interdiction de fon mari, lui a fait intimer un Arrêt du Confeil revêtu de Lettres patentes, en date du 29 Décembre 1786, portant évocation au Confeil de toutes les conteftations nées & à naître, dans lefquelles Madame la Marquife de Cabris & fon mari pourroient être parties, en quelque Jurifdiction que ce foit, avec attribution defdites conteftations à la Grand'-Chambre du Parlement de Paris.

Indépendamment de ce que les évocations générales font prohibées, elles font inconciliables avec les privileges du Pays. M. de St. Cezaire s'eft pourvu en révocation de l'Arrêt du Confeil, & il fe flatte que le Pays ne refufera pas d'intervenir dans l'inftance.

Ce n'eft pas d'aujourd'hui que le Pays s'eft élevé contre les évocations particulieres, & plus encore contre les évocations générales. Quel feroit le particulier, & à plus forte raifon, le vaffal & l'emphytéote qui n'aimeroit pas mieux fubir la loi que la Marquife de Cabris voudroit lui impofer, que d'avoir un procès au Parlement de Paris, & confommer une partie de fa fortune en frais de voyage & de féjour dans un Pays éloigné?

L'ufage que la Marquife de Cabris fait aujourd'hui de fon évocation contre M. de St. Cezaire en prouve tout à la fois le danger & l'abus. Quelle raifon peut avoir le Marquis de Cabris, débiteur d'un capital de vingt mille livres, de ne pas en payer les intérêts au propriétaire ? Eſt-ce dans d'autre objet que de le fatiguer, ou de lui faire abandonner des pourſuites légitimes, qu'on veut forcer M. de St. Cezaire à aller plaider à Paris, pour obtenir le paiement des intérêts d'un capital qui n'eſt pas conteſté ?

Le Bureau croit devoir propoſer à l'Aſſemblée de délibérer d'intervenir dans l'inſtance au Conſeil, introduite par M. de St. Cezaire & autres parties qui ſont déja jointes en l'inſtance en révocation de l'Arrêt du 29 Décembre 1786, portant évocation générale à la Grand'Chambre du Parlement de Paris de toutes les affaires du Marquis & de la Marquiſe de Cabris, de charger l'Avocat du Pays au Conſeil de ſe concilier, quant à ce, avec l'Avocat au Conſeil de M. de St. Cezaire; & les Députés des Etats à la Cour, qui ſont déja chargés de ſolliciter une loi générale contre les évocations, ne ſauroient trouver une occaſion plus favorable.

Ce qui a été unanimement délibéré.

Mondit Seigneur l'Evêque de Senez a dit: que le Bureau a lu & examiné le Cahier rédigé par M. l'Aſſeſſeur, des différens objets de remontrances à Sa Majeſté, délibérées par les Etats. Il a penſé que cette rédaction devoit être approuvée, qu'elle devoit être conſignée dans le Procès-verbal de l'Aſſemblée, & que ce Cahier ſeroit ſigné, ſuivant l'uſage, par MM. les Procureurs du Pays nés, & préſenté à Sa Majeſté par les Députés des Etats.

Ce qui a été délibéré.

Teneur du Cahier.

SIRE,

VOTRE MAJESTÉ fait demander annuellement *Milices.* au Pays la fomme de trente-cinq mille livres, pour fon contingent à la dépenfe des Milices.

Si l'on ne confultoit que le fameux Edit du mois d'Août 1661, le Pays devroit en être exempt. En tems de guerre, il a, pour ainfi dire, perdu de vue fes privileges: mais en tems de paix, il a réclamé, & fa réclamation a eu un fuccès dont il eft tems enfin qu'il profite.

La paix furvenue en 1763, le Pays prétendit avec raifon, qu'il ne devoit plus payer pour la milice. Il lui fut répondu que Sa Majefté ayant établi trente-trois bataillons de recrue, il falloit pourvoir à leur entretien.

Le Pays obferva, que s'il devoit payer pour les bataillons de recrue, il devoit être déchargé du tirage effectif des milices, ainfi que Sa Majefté l'a déclaré, en répondant aux remontrances du Pays :

» *Le tirage des milices fufpendu tourne au grand*
» *avantage du Pays & de l'Agriculture ; & on*
» *doit payer fans regret la dépenfe des bataillons*
» *de recrue.* »

La levée des milices s'étant de nouveau vérifiée, il étoit jufte de foulager le Pays de la

dépense des bataillons de recrue. Le Pays n'en fut cependant pas soulagé. M. le Contrôleur Général écrivit en 1776 à M. l'Intendant, que la suppression des Régimens provinciaux n'a pu opérer la décharge, ni même la diminution de l'imposition des milices, » attendu que de-
» puis la paix, les Provinces doivent contribuer
» à l'acquittement des dettes que l'Etat a été
» forcé de contracter pour leur soulagement
» pendant la guerre, en suppléant par des em-
» prunts à l'insuffisance des sommes qui avoient
» été imposées en exécution des brevets mili-
» taires, pour fournir à la dépense de ce même
» service.

Le Pays devoit se flatter, que sa contribution cesseroit lorsque les avances faites pour cet objet pendant la derniere guerre auroient été remboursées. Cependant il a continué de payer depuis lors la même somme de trente-cinq mille livres, quoique les avances dont le Gouvernement parloit en 1776, ayent dû être acquittées depuis long-temps.

Le Pays supportant la charge personnelle de la milice & celle de la garde-côte, il ne doit pas payer en argent. Ou s'il doit payer, ce n'est tout au plus que la somme de dix mille livres, qui est le taux de l'imposition en tems de paix pour cet objet.

Pozzolane.
Droit sur l'entrée.

L'entrée de la pozzolane n'a été surchargée d'un droit de quinze sols par quintal, qu'à l'époque de 1783.

L'Arrêt

L'Arrêt du Conseil qui l'établit, eut pour objet de favoriser l'emploi de la pozzolane nationale que le sieur Faujas de St. Fond prétendit avoir découvert dans le Vivarais.

L'objet parut d'abord intéressant au Ministere, qui par des raisons particulieres concéda au Sr. Faujas de St. Fond la moitié du droit imposé sur la pozzolane étrangere.

Si la pozzolane du Vivarais pouvoit suppléer la pozzolane étrangere, il seroit sans doute juste de favoriser la pozzolane nationale ; mais il falloit en venir à une vérification.

Les Etats du Languedoc la provoquerent : le sieur Faujas de St. Fond l'accepta. En attendant, un Arrêt du Conseil du 20 Août 1784, suspendit la perception du droit nouvellement établi. La vérification n'a point été faite ; & cependant la perception du droit a été rétablie, à compter du premier Octobre 1785.

Le Pays réclama en 1786, qu'il y eût au moins en Provence un dépôt de pozzolane nationale. Le dépôt n'a jamais existé ; & on continue d'exiger l'impôt établi sur la pozzolane étrangere : impôt si destructeur, que le montant excede d'un quart la valeur même de la chose.

Si la pozzolane est essentiellement nécessaire à une partie de nos constructions, & que nous en ayions dans le Royaume, il faut sans contredit l'employer de préférence, & mettre les

F

Provençaux à même d'en avoir, en forçant le sieur Faujas de St. Fond à établir un dépôt suffisant en Provence.

Mais si la pozzolane nationale ne suffit pas à la solidité de nos ouvrages, ou si l'on ne peut pas nous procurer en Provence la facilité d'en avoir, le Gouvernement, qui certainement n'a pas entendu que nous irions en prendre à grands frais dans le Vivarais, ne doit pas laisser subsister un impôt évidemment trop fort, & contraire aux principes d'une bonne administration. Il est inutile d'imposer sur une matiere nécessaire, & qu'il faut nécessairement tirer de l'Etranger. Autrement, c'est imposer sur nous-mêmes, & les impositions sont assez multipliées pour que le Pays ne puisse pas en supporter d'autres.

Rareté & cherté des bestiaux. Les moutons deviennent tous les jours plus chers & plus rares en Provence. Il semble que la plus grande consommation & le plus fort prix devoient engager les propriétaires à donner à l'éducation de ces animaux une attention plus particuliere. Et cependant nous voyons avec douleur que la population des troupeaux diminue; qu'il s'en aut de beaucoup que les domaines soient agrégés, comme ils l'étoient autrefois, & même que le peuple aie ces petits troupeaux qu'il faisoit jadis conduire par des enfans.

C'est incontestablement le prix excessif du sel, dont nos troupeaux en Provence ne peuvent se passer, qui est la véritable cause de cette dépopulation, & qui nous prive de l'engrais que nous avions jadis.

C'eſt l'impoſſibilité où eſt le peuple d'acheter du ſel pour ſes beſtiaux, au prix exceſſif auquel cette denrée abſolument néceſſaire a été portée, qui eſt la premiere cauſe de la dépopulation.

La preuve en eſt que dans le terroir d'Arles, où le ſel n'eſt pas à beaucoup près ſi cher qu'en Provence, les troupeaux y ſont abondans & la population conſidérable, & qu'ailleurs, où le prix du ſel eſt trop fort, on n'a exactement de troupeaux qu'autant qu'ils ſont néceſſaires pour conſommer les pâturages; & que l'on néglige les pâturages particuliers procédants des fonds cultes, qui, employés jadis avec économie, produiſoient un nombre conſidérable de moutons, & ſervoient ainſi à entretenir l'abondance à un prix honnête & modéré.

Le Pays accorda pour l'établiſſement du parc de Marſeille différentes ſommes, en différens tems. *Parc de Marſeille.*

En 1685, ſoixante mille livres.

En 1686, cinquante mille livres.

En 1687, ſoixante mille livres, pour être employées aux parcs de Marſeille & de Toulon.

En 1689, vingt-deux mille deux cent ſoixante-deux livres.

Ces contributions particulieres furent acquittées par le Pays, indépendamment de la contribution générale, parce qu'on crut que le Pays retireroit un avantage particulier de cet établissement.

Dans ces derniers tems, le parc de Marseille a été déclaré inutile, & même onéreux à l'Etat, & il a été vendu au profit du Roi.

Ce feroit peut-être aller trop loin que de fuppofer que le Pays eft devenu co-propriétaire de l'Arcenal, en proportion de fa contribution particuliere ; mais c'eft être jufte que de réclamer le contingent des fommes fournies par le Pays pour la conftruction.

Il eft naturel, que fi le Pays a fourni pour la conftruction quand elle a été jugée utile, il recouvre fa mife de fonds, quand l'utilité difparoît avec l'établiffement. Il ne retire plus de fa mife de fonds l'avantage particulier qu'il devoit s'en promettre, il eft donc jufte qu'on la lui reftitue.

L'Etat reprenant ce qu'il a fourni pour la conftruction, le Pays doit le reprendre auffi. Ce n'eft pas un don gratuit qu'il a fait au Souverain ; Sa contribution étoit inféparable de l'avantage qu'il retiroit de l'établiffement ; l'avantage ceffant & le Gouvernement reprenant fa mife de fonds, il eft impoffible que le Pays ne reprenne pas la fienne, ou que le Gouvernement ne la lui reftitue pas.

Commmiffion de Valence. Le Tribunal, érigé fous le nom de *Commiffion de Valence*, a constamment excité la réclamation du Pays. Si l'établissement en devenoit nécessaire dans les circonstances où il fût déterminé, les choses reprenant leur niveau, le droit d'un chacun doit être respecté & maintenu.

Il est certain que la Provence a les titres les plus formels, pour que ses habitans ne soient pas distraits des Jurisdictions du Pays en matiere civile, & à plus forte raison en matiere criminelle.

Ce privilege n'est qu'une conséquence de notre union principale à la Couronne de France.

Des circonstances calamiteuses exigerent, si l'on veut, en 1733, d'y pourvoir. Il fallut réprimer la licence de la contrebande, détruire les attroupemens avec port d'armes, faire cesser les violences & les meurtres commis par les Contrebandiers qui infestoient le Dauphiné, la Provence & le Languedoc, & prévenir, qu'à raison de la diversité des Jurisdictions, ces bandes licentieuses échappassent à la vengeance des loix, ou, que poursuivies dans une Province, elles fussent continuer leurs excès dans une autre.

Tels furent les motifs de l'Arrêt du Conseil du 31 Mars 1733, revêtu, à la vérité, de Lettres patentes, portant établissement de la Commission de Valence.

Mais la licence réprimée, les attroupemens

dispersés, les violences & les meurtres punis; l'objet de l'établissement de la Commission cessant, la Commission devoit disparoître. Et cependant cette même Commission subsiste encore, & prorogeant sa Jurisdiction bien au-delà de ses limites, elle prend connoissance de ce qu'on peut appeler la simple contrebande; comme s'il n'existoit point en Provence de Tribunal qui pût la réprimer ou la punir.

Il est de la dignité de votre Majesté de faire cesser l'exemple d'une Commission toujours illégale ; de rendre aux Tribunaux qui méritent sa confiance, l'exercice plénier de leur Jurisdiction ; d'empêcher que ses sujets ne soient traînés, à main armée, dans un Tribunal lointain, étranger, & peut-être trop prévenu en faveur des droits de la Ferme; ou tout au moins de restreindre la Commission de Valence dans le véritable objet de son institution, & de la réduire à ne juger que les vagabonds, gens sans aveu & sans domicile, ceux même qui quoique domiciliés, en s'associant avec ces brigands, & se rendant coupables des mêmes excès, perdent nécessairement le droit de réclamer les privileges de leurs concitoyens (1).

Privilege de la Compagnie des Indes.

Le privilege de la nouvelle Compagnie des Indes a excité avec raison la réclamation de toutes les villes commerçantes du Royaume. Il enleve à l'industrie & à l'activité nationale le commerce de la plus riche contrée du monde connu.

---

(1) Lettre de M. le Contrôleur général du 26 Août 1785, à M. le Premier Président de la Cour des Aides.

Ce même privilege doit-il encore enchaîner le commerce de Marseille, & porter atteinte à la franchise de son port?

Le port de Marseille est franc, & il doit l'être, non moins pour l'intérêt de son commerce, que pour l'intérêt du commerce national.

C'est l'entrepôt général du monde commerçant: toute sorte de navires appartenant à quelque Nation que ce soit, apportant toute sorte de marchandises, peut entrer librement dans le port, & servir d'aliment au commerce Marseillois.

Plus les marchandises venant de l'Inde sont précieuses, plus elles sont l'objet des spéculations du Commerçant, & mieux le port de Marseille doit leur être ouvert.

Condamner le commerce de Marseille à y renoncer, ou à ne les recevoir que de la main de la nouvelle Compagnie des Indes, c'est la condamner à renoncer à une branche de commerce précieuse & à la voir passer chez l'Etranger.

Ou si l'Etranger peut enrichir le commerce de Marseille, des Marchandises venant de l'Inde, il ne peut pas être prohibé aux Marseillois de les aller prendre aux Indes comme l'Etranger.

Il est même deux raisons particulieres pour ne pas priver le commerce de Marseille de faire le commerce de l'Inde: l'une consiste en ce que la liberté encouragera des établiſſemens très-utiles que l'on pourroit former ſur la côte de Malabar, & dans les autres parties de l'Aſie où il eſt permis aux ſujets du Roi de ſe fixer & de commercer.

L'autre, & elle mérite mieux l'attention du Gouvernement : l'induſtrie du Négociant pourroit former aux Indes des cargaiſons propres pour les conſommations de l'Empire Ottoman, ſucceſſivement détruire le commerce que les Arméniens & les Grecs font par Baſſora, & accroître le commerce national, d'une branche de richeſſes immenſes.

Il eſt en effet certain que les frais qu'entraîne le tranſport par Baſſora ſont plus conſidérables que ceux du Bengale à Marſeille, & de Marſeille à Smirne, Salonique ou Conſtantinople.

Au lieu donc d'étouffer ce commerce naiſſant, il faudroit bien plutôt encourager le commerce de Marſeille à multiplier les cargaiſons, comme il l'avoit fait avant que le privilege de la nouvelle Compagnie vînt barrer les ſpéculations du Négociant particulier.

Aux avantages réſultans néceſſairement de ce commerce, on joindra encore celui de prévenir le commerce par interlope que le Négociant Marſeillois fait aux Indes ſous pavillon Toſcan; de ne pas inſtruire Trieſte & Livourne des routes de l'Inde, & de la maniere d'y faire des échanges avantageux ; de ne pas accréditer deux places commerçantes qui jalou-
ſent

sent depuis long-tems le commerce de Marseille; de conserver à la Nation le bénéfice des frêts, de la formation des Matelots, & de prévenir que le Négociant Marseillois, toujours avide de bénéfice, comme tout autre, n'engage, dans la nécessité de faire le commerce des Indes par interlope, ses fonds dans un Royaume étranger, & n'accroisse un commerce depuis long-tems rival du nôtre, à nos dépens & avec nos propres fonds.

L'Arrêt du Conseil du 10 Juillet 1785 défend d'admettre les mousselines & les toiles de fil & de coton venant de l'étranger dans les Bureaux y dénommés, & désigne entr'autres celui de *Septemes*.

Port franc de Marseille.

L'Arrêt du Conseil du 17 du même mois & an, » prohibe l'introduction des mêmes mar-
» chandises *aux entrées du Royaume*, & veut
» que les marchandises confisquées soient ren-
» voyées dans l'un de nos ports francs pour y
» être vendues par vente publique, sans pou-
» voir en aucun cas rentrer dans le Royaume. »

Ces différentes dispositions supposent que Marseille, comme port franc, n'y est point asservi, puisque ce n'est qu'au Bureau de Septemes que l'introduction est prohibée, & qu'au besoin c'est à Marseille, comme l'un des ports francs du Royaume, que les marchandises confisquées doivent être renvoyées pour y être vendues, sans pouvoir en aucun cas rentrer dans le Royaume.

G

Cependant le Fermier a voulu mettre à exécution, dans la ville de Marseille & son terroir, les dispositions prohibitives des deux Arrêts du Conseil des 10 & 17 Juillet 1785.

Il se fonde sur deux prétextes: l'un, que la consommation personnelle des habitans de Marseille opéreroit une diminution de bénéfice pour les fabriques nationales, & de produit dans le revenu des fermes; & l'autre consiste dans la crainte des versemens en contrebande dans l'intérieur.

C'est ainsi que le régime fiscal tend à anéantir les meilleurs établissemens, & les plus profitables au Public & au Commerce.

La ville de Marseille, exempte de tous droits par ses traités avec Charles d'Anjou, & par les différentes Loix énoncées dans l'Edit de Port-franc, y fut successivement asservie, jusqu'à ce qu'enfin Louis XIV, bien convaincu
» des avantages que le Royaume recevoit de
» la franchise de ladite Ville, lorsqu'elle étoit
» observée, & combien les Etrangers ont pro-
» fité de cette surcharge, en attirant chez eux
» le commerce qui se faisoit à Marseille, re-
» nonça au bénéfice résultant des droits alors
» existans, rétablit entiérement la franchise du
» Port de Marseille, & assura, par le fameux
» Edit de 1669, l'affranchissement général de
» tout Vaisseau & marchandises, en entrant &
» en sortant de ladite ville de Marseille, &
» la déclara libre pour toute sorte de marchan-
» dises, de quelque nature & qualité qu'elles
» puissent être.

Une exemption aussi solemnelle, & fondée sur des motifs aussi puissans, n'en imposa pas au système fiscal. On l'a vu successivement tenter de déroger au privilege de Marseille, sur les mêmes prétextes que l'on emploie aujourd'hui.

Est-il question de l'établissement du droit de marque sur l'or & sur l'argent ? On veut y assujettir Marseille ; & ce n'est qu'après un siecle de litige, & après qu'une grande partie des Orfevres Marseillois a porté à Cadix cette partie de notre industrie provençale, que le privilege de Marseille est rétabli.

S'agit-il du droit établi sur l'étain étranger, qui ne doit être perçu qu'au Bureau d'entrée ? Le privilege de Marseille est encore attaqué & de nouveau confirmé.

Il falloit enfin discuter sur chaque objet particulier, au point que l'Arrêt du Conseil du 10 Juillet 1703, cherchant à rappeller le commerce qui fuyoit à Gênes & à Livourne, au moyen des atteintes qu'il recevoit à Marseille, renouvella en quelque façon la franchise du Port-franc, sur ce juste motif que » mieux les Réglemens » avoient cimenté la franchise du Port, & plus » le commerce avoit acquis de lustre & d'ac- » croissement.

Vouloir donc asservir les mousselines & les toiles de fil & de coton arrivant à Marseille aux gênes établies par les Arrêts du Conseil des 10 & 17 Juillet 1785, c'est évidemment priver le commerce de Marseille de ces différentes marchandises, engager le Commerce à les porter ailleurs, enrichir Gênes & Livourne, détruire à Marseille cet entrepôt général du Monde commerçant, qui ne peut s'y maintenir qu'autant qu'il sera universel.

L'habitant de Marseille profitera, si l'on veut, de l'avantage d'employer des mousselines ou des toiles de fil & de coton étrangeres; la contrebande pourra encore, si l'on veut, en verser quelques parties dans le Royaume. Mais de quel poids peuvent être ces sortes d'inconvéniens, avec l'avantage inestimable de conserver à Marseille cette branche de commerce, de ne pas porter cette atteinte à la franchise de son Port, & de ne pas en éloigner tout Navire, qui dans son chargement, pourra avoir des mousselines, ou des toiles de fil & de coton?

Il est d'autant plus étonnant que le Fermier se soit permis de vouloir asservir, quant à ce, la ville de Marseille, que l'Arrêt du Conseil du 10 Juillet désignant le Bureau de *Septemes*, confirme par cela même la franchise du Port & du territoire de Marseille; & celui du 17, ordonnant que les marchandises consignées seroient renvoyées dans l'un des Ports francs du Royaume, suppose par conséquent aussi, & que si l'on peut renvoyer ces marchandises dans un Port franc, on peut les renvoyer à Marseille pour y être vendues, & que si on peut les renvoyer & les vendre à Marseille, elles peuvent donc y être introduites, sans que le Fermier puisse ni l'empêcher, ni s'en formaliser.

Rien n'est donc plus juste que d'accueillir la

réclamation des Marchands de Marseille, celle de la Chambre du Commerce & celle du Pays, & de porter une nouvelle Loi, qui, brisant toutes les chaînes qui affaissent actuellement les différentes branches du commerce de Marseille, assure à l'Edit du Port franc de 1669, & à la Déclaration de 1703, cette exécution plénière que les mêmes Loix lui destinoient pour la conservation & l'accroissement du commerce de Marseille, & pour le bien général de l'Etat.

Les Nations étrangeres ont actuellement la faculté d'approvisionner nos Isles.

Bordeaux & Marseille en reçoivent un préjudice considérable; & le préjudice de Marseille reflue nécessairement sur la Province.

Approvisionnement des Isles françoises par les Nations étrangeres.

Les Etrangers, & sur-tout les Anglais, ont tant d'avantage sur nous dans le transport des denrées & des marchandises, qu'il est impossible que les marchandises nationales, en concours aux Isles avec les marchandises anglaises, puissent y être vendues avec avantage, & le Négociant Français se promettre des bénéfices proportionnés à l'importance de ses avances & aux risques de la mer.

Le véritable intérêt du Pays exige donc que nos Isles soient exclusivement approvisionnées de denrées & de marchandises nationales; & la nécessité d'entretenir & de former des Matelots, qui puissent au besoin être employés dans la Marine royale, exige également que nous multipliions les armemens pour nos Isles; & ils ne pourront l'être, qu'autant que leur approvisionnement fera le lot & le partage exclusif du commerce Français & national.

Droit de foraine.

Le Pays réclame depuis long-tems l'exemption du droit de foraine des marchandises qui entrent en Provence, & des marchandises exportées de Provence par le Détroit de Gibraltar, dans les Provinces des cinq groffes fermes.

Cette perception, que M. d'Aguesseau qualifioit *illégale* & *odieuse*, dont le Ministere reconnut l'injustice en 1780, & plus particuliérement en 1784 » Je trouve, » disoit le Ministre dans sa lettre & dans une apostille de sa main, » vos représentations très-fondées, & je
» ne différerois pas de proposer au Roi d'y
» avoir égard, en supprimant un droit qui ne
» devroit pas subsister entre deux Provinces
» qui ne peuvent être réputées étrangeres l'une
» à l'autre, si je ne voyois approcher le mo-
» ment de réformer, par une loi générale, plu-
» sieurs bizarreries de même genre en matiere
» de traite ; je vous assure qu'incessamment il
» y sera pourvu, & que la Provence n'aura
» plus à se plaindre de cette foraine, qui excite
» depuis un siecle *ses justes réclamations.* »

Cette même perception, contraire à notre Statut de 1480, confirmé par Charles III, à la décifion de Louis XI, *placet Regi ut faciliùs ditentur Provinciales, quod cordi sibi est per maximè*; aux Edits de 1542, 1544, 1555 & 1556, à la Déclaration du 30 Juin 1621, qui exempte des droits qu'on perçoit à l'entrée sur les marchandises venant de l'intérieur, les Provinces qui ont consenti à l'établissement des Bureaux à leur sortie ; & ces Bureaux sont établis en Provence.

Cette perception enfin qui greve le commerce provençal d'un double droit, d'abord à la sortie du Languedoc en Provence, ensuite à la sortie de Provence à l'Etranger, qui le greve encore davantage par la perception sur les marchandises qui viennent par le Rhône, du Dauphiné, de Lyon, des Provinces supérieures & même d'une partie de la Haute-Provence.

Cette perception, disons-nous, suspend l'activité du commerce provençal, & le surcharge d'un droit d'abord injuste en soi, & encore d'un double droit qui ajoute à l'injustice du premier.

A cette double injustice, se joint encore celle d'une perception sur les marchandises exportées de Provence par le Détroit de Gibraltar, dans les Provinces des cinq grosses fermes.

Si ces marchandises étoient exportées par terre dans ces Provinces, elles seroient certainement exemptes du droit de foraine. L'avantage ou la facilité de les y transporter par mer, n'est pas une raison de les y assujettir.

La crainte de la fraude & les clauses qui peuvent se trouver dans les baux des Fermiers, ne peuvent pas mieux justifier la perception.

Les acquits à caution, établis par l'Ordonnance des Fermes, garantissent contre la frande; & si ce moyen est insuffisant, la sagesse du Gouvernement en trouvera de plus puissans.

Quant aux baux, ils supposent le droit déja établi, & ne le créent pas. C'est par les Loix qu'on doit juger les baux, & non les Loix par les baux.

Il est de la justice de Votre Majesté de faire aujourd'hui cesser des plaintes qui de tous les tems ont été reconnues légitimes. En 1780, le Gouvernement renvoya à la paix: la paix survenue, on nous annonça en 1784 » un arrangement général, d'après lequel la Provence » n'auroit plus à se plaindre de cette foraine, » qui excite depuis un siecle ses justes réclamations. » Il est donc tems d'accueillir des plaintes dont la justice a toujours été reconnue.

Droits sur le transport, l'entrée & la circulation des vins à Marseille.

La partie méridionale de la Provence abonde en vin, & la consommation, ou le commerce de Marseille, en font le principal débouché.

Jadis, & lorsque Marseille vivoit sous le régime de son Statut particulier qui prohiboit l'introduction de tout vin étranger, il étoit naturel que les vins introduits à Marseille, étant censés ne pouvoir y être consommés, étoient également censés n'avoir qu'une destination pour l'Etranger; & il devenoit juste de les asservir au droit de foraine, quoique une foule de loix & de réglemens exemptassent de ce même droit toutes les denrées de Provence destinées pour la consommation de Marseille.

Les

Les Lettres patentes de 1776 ayant fait difparoître le privilege exclufif de la ville de Marfeille, la Communauté de cette Ville établit, conformément au droit qu'ont toutes les Communautés du Pays, d'abord un droit de 30 fols fur l'entrée des vins étrangers, & enfuite une reve particuliere de 12 fols fur les Revendeurs de ce vin étranger.

D'autre part, le Fermier perdant de vue que les Lettres patentes de 1723 n'avoient foumis au droit de foraine les vins de Provence allant à Marfeille, que parce que, d'après le Statut de Marfeille, ils étoient cenfés ne pouvoir y être confommés, continua de percevoir le même droit de 15 fols 4 deniers fur tous les vins quelconques, fans diftinction, s'ils étoient deftinés pour la confommation ou pour le commerce de Marfeille.

En forte que les vins de Provence entrant à Marfeille font aujourd'hui grévés, abftraction faite des frais de charroi, de trois différens droits.

	l.	f.	d.
De la reve		30	
De la foraine		15	4
De la reve intérieure		12	
	2	17	4

Les vins provençaux fubiffent ces différens droits, lors même que les vins de Catalogne arrivant à Marfeille y jouiffent du bénéfice du port franc, & font par conféquent exempts du droit de foraine de 15 fols 4 deniers.

H

Il est cruel que les vins de Provence, destinés pour la consommation de Marseille, n'ayent pas à Marseille le même privilege que les vins étrangers, & que les vins de Catalogne ayent sur eux l'avantage de l'exemption du droit de foraine.

Le Gouvernement fut frappé de l'injustice de cette préférence. Il proposa de réduire le droit de foraine pour une année à sept sols, au lieu de quatorze, & d'établir sur les vins étrangers un droit d'entrée à Marseille de vingt sols par millerole.

Mais M. de Vergennes, Ministre des affaires étrangeres, auquel le projet fut communiqué, ne voulut pas y donner son adhésion, sur le fondement que les traités de commerce avec les Nations voisines s'opposoient à son exécution: en sorte que les vins de Catalogne continuent d'avoir sur les vins de Provence à Marseille, l'avantage de l'exemption du droit de foraine.

Il paroît bien juste de conserver aux vins de Provence, destinés pour la consommation de Marseille, l'exemption du droit de foraine dont jouissent toutes les autres denrées qui ont la même destination, & dont nous osons dire que les vins ont joui de tous les tems, puisqu'à l'époque des Lettres patentes de 1723, les vins étrangers ne pouvoient entrer à Marseille que par transit.

Rien ne sera plus facile que de distinguer les vins destinés au commerce, de ceux qui le seront pour la consommation de Marseille.

Ces vins, alternativement foumis aux trente fols de la reve, ou aux quinze fols quatre deniers du droit de foraine, payant l'un ou l'autre, feront néceffairement exempts de l'un des deux, & en repréfentant lors de l'embarquement l'acquit de la reve qu'il faudra reftituer, le droit de foraine fera par conféquent au cas d'être acquitté. Et ainfi, par un heureux accord, les droits de la Municipalité deviendront les garans des droits de la foraine.

Il ne faut pas que la crainte des abus prive la Provence de la faculté, d'avoir dans la confommation de Marfeille, un débouché auffi avantageux que la Catalogne.

Il eft encore de la juftice de Votre Majefté de fupprimer cette reve intérieure de douze fols que la Communauté de Marfeille a établie fur la revente des vins étrangers. Quand une fois le vin étranger a payé la reve de trente fols, il a été en quelque façon naturalifé. Il n'eft donc pas jufte qu'on le furcharge encore d'un nouveau droit.

Ce font les très-humbles & très-refpectueufes repréfentations que préfentent à Votre Majefté,

SIRE,

De Votre Majefté, les très-humbles, très-obéiffans & très-fideles fujets,

Les Procureurs des Gens des Trois Etats de votre Pays & Comté de Provence.

H ij

Relation des affaires du Pays.

Mondit Seigneur l'Evêque de Senez a dit : que le Bureau s'est également occupé de la relation des affaires du Pays faite par M. l'Assesseur, dans la séance du troisieme de ce mois; cette rélation doit être transcrite dans le Procès-verbal de l'Assemblée.

Ce qui a été délibéré.

Teneur de la Relation faite par M. l'Assesseur dans la séance du 3 de ce mois.

Vingtiemes.

En exécution de la Délibération de l'Assemblée renforcée du premier février, nous avons obtenu un Arrêt du Conseil qui répartit sur tous les Corps contribuables le supplément à l'abonnement des Vingtiemes offert par les Etats, & qui fait mention de la remise de cinquante mille livres. Mais M. le Contrôleur Général observe que la remise n'auroit lieu que pour cette année.

Emprunt de trois millions pour le compte du Roi.

Nous avons également obtenu un Edit qui autorise le Pays à ouvrir un emprunt de trois millions pour le compte de Sa Majesté, & à cumuler ce nouvel emprunt avec les capitaux qui restent dûs sur les précédens.

M. le Contrôleur Général nous a autorisés à retenir, tant pour le payement des intérêts, que pour le remboursement des capitaux des emprunts, non seulement le dixieme de la dette totale, mais même la somme de neuf cent mille livres.

Le même Edit contient l'exemption formelle du droit d'amortissement pour toutes les rentes acquises dans cet emprunt par les gens de main-morte, où qui pourroient leur être cédées en acquittement de dettes, fondations, dotations, & autres emplois de cette nature.

L'Edit a été enrégiftré aux Cours, & le Tréforier du Pays a été autorifé à payer aux prêteurs l'intérêt de tout le mois pendant lequel ils auront verfé leur argent dans fa caiffe.

Nous nous fommes occupés de la rédaction du Cahier qui doit être préfenté à Sa Majefté, conformément au vœu de la derniere Affemblée. Nous y faifons des repréfentations fur l'impofition de la milice. *Cahier des remontrances.*

Sur le droit de quinze fols à l'entrée des pozzolanes étrangeres.

Sur les droits exceffifs impofés fur le tranfport, l'entrée, & la circulation des vins à Marfeille.

Sur les fommes fournies par le Pays pour le parc & l'arcenal de Marfeille.

Sur la rareté & cherté des beftiaux occafionnées par l'excès du prix du fel.

Sur l'établiffement & les privileges de la Compagnie des Indes.

Sur l'approvifionnement de nos Ifles par les Neutres.

Sur la franchife du port de Marfeille.

Sur la commiffion de Valence.

Sur le droit de foraine de Languedoc en

Provence, & du Détroit de Gibraltar dans les ports des Cinq groffes fermes.

Nous aurons l'honneur de vous en faire la lecture.

Impofition des Communautés.

Etat des arrérages dûs au Receveur.

Nous avons veillé avec la plus grande attention, à ce que chaque Communauté fît une impofition fuffifante pour l'acquittement des deniers du Roi & du Pays, & pour l'extinction des arrérages dûs aux Receveurs des Vigueries. Nous mettons fous vos yeux l'état de ces arrérages.

Procès de la Communauté de Bandol.

Nous avons écrit au fieur Bigot de Préameneu, Confeil des Etats, pour qu'il fît folliciter en faveur de la Communauté de Bandol, dans l'inftance en réglement de Juges pendante au Confeil de Sa Majefté, entre cette Communauté & M. le Marquis de Bandol.

Foire franche de la Seyne.

Nous avons également follicité l'établiffement de la foire franche que la Communauté de la Seyne demande, ainfi que la franchife des matériaux deftinés à la conftruction & équipement des navires.

Canal de Peyrolles.

Nous n'avons pas perdu de vue la conftruction du canal particulier de Peyrolles. Nous avons prié le fieur Bigot de Préameneu de faire revêtir de Lettres patentes l'Arrêt du Confeil du mois d'Août 1786, & de nous les faire paffer inceffamment.

Centre de correfpondance.

Nous avons établi un centre de correfpondance, dont les Etats s'étoient occupés, pour procurer au Pauvre appui, & défense contre les vexations des Fermiers & des Régisseurs des droits du Roi. A cet effet, nous avons annoncé à l'Assemblée du Tiers, & l'article sera imprimé dans le Procès-verbal, que chaque particulier qui se croira injustement attaqué, pourra référer ses plaintes aux Chefs de Vigueries; que les Chefs de Vigueries les référeront aux sieurs Procureurs du Pays, & qu'on doit attendre de leur zele, qu'en ne s'opposant point à la perception des droits légitimement dûs, ils trouveront le moyen d'empêcher qu'on leur donne des extensions arbitraires & injustes.

Nous n'avons pas perdu de vue la suppression du péage des Célestins, dans le cas où les biens de l'Ordre cesseroient d'appartenir à ces Religieux. *Péage des Célestins & de Lubieres.*

Conformément au vœu des Etats, nous avons eu l'honneur d'écrire à Monseigneur l'Archevêque de Sens, & nous lui avons fait sentir l'intérêt que le Pays avoit à la suppression du péage de Lubieres, si celui des Célestins étoit supprimé, & la nécessité qu'il y avoit, en ce cas, de pourvoir à l'indemnité du propriétaire.

Nous n'avons pas perdu de vue le juste témoignage de reconnoissance que les Etats se sont empressés de donner au sieur Tournatoris. Nous avons référé leur vœu à Mgr. le Baron de Breteuil; nous avons supplié Mgr. l'Archevêque d'Aix d'appuyer la demande de tout son crédit. *Le Sr. Tournatoris. Demande du Cordon de St. Michel.*

Le 12 Mai nous reçûmes une lettre de Mgr. le Baron de Breteuil, qui nous marquoit que cet objet n'étoit pas de son département, & qu'il falloit s'adresser à M. Amelot, Secrétaire de l'Ordre du St. Esprit. Nous nous sommes adressés en conséquence à M. Amelot, & nous en prévînmes Mgr. l'Archevêque d'Aix.

Bibliotheque du Pays.

Il reste encore quelques caisses de livres à Avignon, dépendans de la Bibliotheque léguée au Pays par M. de Mejanes. Ces livres sont emballés & prêts à être transportés ; mais ils ne peuvent passer du Comtat en Provence, qu'autant qu'ils auront été vérifiés par la Chambre syndicale de Nîmes. Ce seroit un embarras & un surcroît de dépense. Nous avons agi auprès de Mgr. le Garde des Sceaux, à l'effet d'obtenir la permission de faire passer directement à Aix, & sans visites, ces différentes caisses, & nous eûmes l'honneur d'en prévenir Mgr. l'Archevêque.

Eleves dans l'art des accouchemens.

Les Etats se sont occupés avec raison de la formation d'un hospice pour former des Eleves dans l'art des accouchemens ; ils nous chargerent de nous informer des moyens, à l'aide desquels un pareil établissement a été fait à Arles, afin que la présente Assemblée pût s'en occuper utilement.

Nous avons écrit à MM. les Consuls d'Arles, & ils ont eu la complaisance de nous répondre.

Nous avons également pris des renseignemens du sieur Pontier, dont les lumieres dans l'art des

des accouchemens font connus. Nous aurons l'honneur de mettre fes obfervations fous vos yeux.

Chargés fpécialement de conférer avec le fieur Reguis, Conful de Sifteron, Me. Blanc, Agent des Etats, & M. Gaffier, Syndic de robe de l'Ordre de la Nobleffe, fur l'opération conjointe de l'affouagement & de l'afflorinement général, & de dreffer de concert un état des différentes queftions qui peuvent fe préfenter fur l'objet de l'opération, fur les moyens d'exécution & fur la dépenfe; d'une part, nous avons demandé aux principaux Experts du Pays des renfeignemens fur différentes queftions relatives à l'opération; & de l'autre, nous avons engagé M. Gaffier à nous affigner quelques conférences, dès que M. Reguis feroit en cette ville.

Affouagement & afflorinement général.

Quelques-uns des Experts nous ont répondu, & M. Gaffier nous a affurés que quand M. Reguis feroit en cette ville, il fe prêteroit volontiers à nous donner des conférences, lors defquelles on pût correfpondre au vœu des Etats, de l'Affemblée intermédiaire, & des trois Ordres.

Nous avons écrit à Mgrs. les Archevêques & Evêques, pour les prier de faire publier au Prône, dans toutes les Paroiffes de leurs Diocefes, que tout chef de famille qui fe charge d'un enfant trouvé pris dans les Hôpitaux, foit du Pays, foit des Terres adjacentes, recevra la gratification annuelle de douze livres accordée par Sa Majefté, fuivant l'Arrêt du Confeil du 9 Décembre 1769.

Bâtards. Gratification de 12 liv. aux Chefs de famille qui fe chargent d'enfans pris aux Hôpitaux. Nourrices.

I

Il est à espérer que ce moyen, qui fut indiqué par l'Assemblée du premier Février, procurera à nos Hôpitaux une partie du soulagement dont ils ont essentiellement besoin.

Nous n'avons pas écrit à M. le Contrôleur général la lettre déterminée par l'Assemblée du premier Février, & qui tendoit à obtenir de Sa Majesté un encouragement en faveur des nourrices qui se chargeroient des enfans trouvés. La difficulté de fixer cet encouragement & de désigner la somme à laquelle il pourroit se monter, ou soit toute autre vue générale dont l'objet peut être susceptible, nous ont déterminés à ne rien faire que d'après le vœu de l'Assemblée particuliere renforcée.

Hôpitaux. Vingtiemes de leurs biens.

M. Pascalis, Assesseur d'Aix, Procureur du Pays, a dit : que les Hôpitaux ont reçu une lettre circulaire de M. l'Intendant, pour fournir la déclaration des biens qu'ils possedent, à l'effet de servir à la perception des vingtiemes & sols pour livre que le Roi entend être levés sur les biens des Hôpitaux. Jusques à présent on avoit pensé que les biens des Hôpitaux ne devoient pas être soumis à une imposition particuliere pour les vingtiemes, soit par la nature de leur destination, soit parce que les Hôpitaux étoient censés exempts de cette imposition, au moyen des sommes que les biens ecclésiastiques payent au Roi, pour tenir lieu des vingtiemes. Les Directeurs de plusieurs Hôpitaux se sont adressés à l'Administration intermédiaire pour lui demander conseil & appui.

L'Affemblée confidérant que les biens des Hôpitaux doivent faire partie, ou des biens eccléfiaftiques, ou des biens de l'Ordre du Tiers ; que fous l'un ou l'autre de ces deux rapports, il eft impoffible de les foumettre à une impofition particuliere ; a chargé MM. les Procureurs du Pays de fuivre cette affaire avec tout le zele & l'intérêt que la caufe des Hôpitaux infpire, & de recourir à tous les moyens que leur prudence leur fuggérera, pour fouftraire ces établiffemens de charité à une charge qui leur avoit été inconnue jufques aujourd'hui.

Du dixieme dudit mois de Juin.

MOnfeigneur l'Evêque de Digne, Préfident du Bureau des travaux publics, a dit : Une attention fcrupuleufe à ménager, à refpecter les intérêts particuliers des Vigueries, des villes, des Communautés moins principales & des particuliers, a conftamment diftingué l'Adminiftration de Provence de toutes les autres, & juftifie l'affection du Provençal pour fon Gouvernement particulier.

Emplacement du chemin de Toulon à la Valette.

La lenteur de votre décifion définitive, pour l'emplacement du chemin de Toulon à la Valette, a bien prouvé votre crainte de nuire ou même d'affliger. Peut-être l'application d'un principe fi bon en foi, a été portée trop loin, & nous ne devons pas annoncer une conduite femblable pour l'avenir.

Les fieurs Bonnard & Beaumond, Ingénieurs du Pays, ont rendu compte au Bureau de leur mission & de leur travail. Trois alignemens divers ont été mis fous les yeux du Bureau; des cartes defcriptives des terreins environnans, des campagnes, des plantations, des bâtimens qui peuvent intéreffer dans la queftion, nous ont tranfportés, pour ainfi dire, fur le local même; nous avons reconnu à cette occafion que la direction par la ligne la plus droite, lorfqu'elle eft poffible, eft toujours la plus avantageufe. D'après ce principe, l'alignement qui coupoit un petit bois d'agrément au-deffous de la maifon du fieur Granet, nous fembloit au premier coup-d'œil le meilleur de tous, quoiqu'il retombât au même point, fujet de conteftation entre M. de Drée & Madame de Lepine. Après ce projet, le nouvel alignement projetté par le fieur Bonnard nous a paru le plus conforme aux principes. L'apperçu de la dépenfe totale de ce dernier plan s'éleve à cent vingt mille livres, tous frais & dépenfes, foit anciennes, foit nouvelles utiles ou inutiles comprifes, à l'exception de l'emplacement, même pour le chemin dont on préfente le projet; & l'évaluation de tous les projets doivent être entendus avec cette même claufe.

Le dernier qui a fixé l'attention du Bureau, eft celui qui profite de toute la partie du chemin déja faite, jufques à la croix de Vidal, des autres parties faites ou préparées, & qui, fans exiger de nouvelles démolitions importantes, met à profit les opérations déja faites à cette occafion. L'apperçu de la dépenfe totale, pour porter l'ouvrage à fa perfection, s'éleve à cent trois mille livres. Il a été reconnu que ce projet exécuté, donneroit un chemin folide, & que les coudes &

finuofités qui le rendent moins agréable aux yeux, n'alongent dans la vérité le chemin, que de dix à douze toifes.

Ce double inconvénient nous a femblé compenfé & comme effacé à nos yeux, par les inconvéniens majeurs des deux autres projets dont l'exécution exigeoit la perte d'un grand nombre d'oliviers précieux, une forte de ravage & de dévaftation dans un local très-voifin de la premiere, & fur les mêmes propriétés, des indemnités effrayantes, des réclamations les plus vives annoncées de toutes parts, la confidération d'une économie importante, & que les befoins du Pays rendent infiniment néceffaires; tous ces motifs réunis & amplement difcutés, ont déterminé le Bureau à vous propofer de profiter de toutes les parties du chemin faites ou préparées, de diriger l'alignement entre le jardin de M. de Drée & le corps de logis d'habitation de Madame de Lepine, conformément au plan qui fera figné & paraphé, *ne varietur*, de maniere qu'entre la propriété de M. de Drée & celle de Madame de Lepine, l'emplacement total du chemin, y compris les foffés, fera de fix toifes quatre pieds au moins.

Ces foffés, ne pouvant avoir que trois pieds dans œuvre, feront creufés à pic, revêtus en maçonnerie, & garnis d'un parapet auffi en fimple maçonnerie, dans la partie feulement où ce procédé eft néceffaire, & l'Ingénieur fera autorifé à faire tous les coupemens & démolitions néceffaires à l'exécution dudit plan, qui fera commencé le plutôt poffible. Le Bureau a encore pensé qu'on devoit accorder trois mille sept cent livres à l'Entrepreneur, pour toute indemnité de la suspension des travaux & des changemens ci-dessus. Telle est la somme à laquelle les Ingénieurs ont évalué cette indemnité.

L'Assemblée a adopté en entier l'avis du Bureau.

Gratification aux Srs. Bonnard & Beaumont, Ingénieurs du Pays, & remboursement de leurs dépenses.

Mondit Seigneur l'Evêque de Digne, a dit: que les sieurs Bonnard & Beaumont ont été employés, pendant plus de quatre mois, à la levée des plans & aux operations relatives à l'emplacement du chemin de Toulon à la Valette. Ils ont rempli leur mission avec zele & intelligence. Chacun d'eux a été obligé à des dépenses particulieres. Le Bureau a pensé que les circonstances exigeoient, pour cette fois, une dérogation à la regle générale, & qu'on pourroit accorder aux sieurs Bonnard & Beaumont une gratification de sept cent cinquante livres pour chacun d'eux, à raison du travail extraordinaire qu'ils ont fait, sans tirer à conséquence, ainsi que le remboursement des dépenses faites à cette occasion, suivant l'état qu'ils en donneront, & qui sera arrêté par MM. les Procureurs du Pays; & au moyen de ce, aucun de ces deux Ingénieurs ne pourra rien prétendre pour les aides ou piqueurs qu'ils auront employés ou employeront, pour les détails d'opérations arréragées & qui ont été suspendues dans les deux départemens, pendant leur séjour à Toulon.

Ce qui a été délibéré.

Mondit Seigneur l'Evêque de Digne a dit : Qu'il a été préfenté au Bureau, divers états de dépenfes faites pour rétablir plufieurs parties de route dans l'intérieur du Pays, en des endroits où le paffage fe trouvoit intercepté, & pour des réparations preffantes à quelques ouvrages publics; favoir : fur le chemin de Toulon à la Valette, pour la fomme de cinq cent vingt-une livres dix-huit fols fix deniers ; fur le chemin de Toulon à Hieres, pour la fomme de
fur la route d'Aix à Pourcioux, pour la fomme de trente-fix livres, montant de l'indemnité qu'il a fallu accorder au Fermier du moulin de Rouffet, à l'occafion de la chûte d'un pont; dans le terroir de Senas, pour treize cent cinquante-trois livres quatre fols, employées à la réparation des digues qui défendent les terroirs de Senas & d'Orgon ; dans le terroir de Graffe, pour la fomme de vingt-cinq livres, en fus de huit cent livres, dont la dépenfe avoit été délibérée par les Etats ; Sur le chemin d'Aix à Pourcioux, dans le terroir de la Galiniere, pour neuf cent vingt-huit livres, dont il n'eft plus dû que trois cent vingt-huit livres à l'Entrepreneur; pour des réparations preffantes au pont d'Artuby, route de Caftellane à Draguignan, deux cent foixante-dix-fept livres feize fols ; pour des réparations dans le terroir de Sillans, à l'effet de rétablir le paffage qui étoit intercepté, cent quatre-vingt dix-neuf livres ; pour des foffés au chemin de la montée d'Avignon, dans le terroir d'Aix, cent vingt livres ; pour la conftruction de deux rampes de raccordement fur le chemin neuf de Toulon à la Valette, deux

Dépenfes faites pour des réparations preffantes à divers ouvrages publics.

cent cinq livres onze fols; pour des réparations faites dans le mois de décembre dernier par le fieur Millou, au vieux chemin de Toulon à la Valette, onze cent vingt-sept livres huit fols dix deniers, dont neuf cent cinquante-neuf livres dix-neuf fols dix deniers pour ouvrages, & l'excédent pour dommages caufés dans le domaine de l'Hôpital pour l'extraction des matériaux ; pour des réparations fur le chemin de Manofque à la Brillanne, cent vingt livres : Le Bureau, après avoir vu les états de dépenfe fignés de l'Ingénieur du Département, & vérifiés par l'Ingénieur en chef, a penfé que toutes ces dépenfes devoient être allouées.

Ce qui a été délibéré.

Chemin d'Apt à Aix, & d'Apt à Avignon, dans le terroir de Bonnieux.

Mondit Seigneur l'Evêque de Digne a dit : Que le Pays fait conftruire, dans le terroir de Bonnieux, dépendant du Comtat, deux chemins, l'un d'Apt à Aix, & l'autre d'Apt à Avignon. L'Adminiftration du Comtat demande que le Pays fe foumette à entretenir à perpétuité ces deux chemins dans le terroir de Bonnieux, & qu'on fixe dans cette partie les limites des deux Provinces. Le Bureau a penfé que MM. les Procureurs du Pays devoient être chargés de traiter cette affaire avec MM. les Adminiftrateurs du Comtat, & de donner leurs foins à ce que la fixation des limites foit faite avec économie.

Ce qui a été délibéré.

Communauté de Senas.

Mondit Seigneur l'Evêque de Digne a dit : Que la Communauté de Senas demande la conftruction

truction de trois éperons en pierre, pour fortifier un ouvrage en bois fait dans son territoire. Elle assure que la dépense n'excéderoit pas la somme de quatre mille livres. Le Bureau a pensé que cette demande devoit être rejettée.

Rejet de la demande en ouvrage dans son terroir.

Ce qui a été délibéré.

Mondit Seigneur l'Evêque de Digne a dit: Que le devis d'une réparation à faire au pas d'Auquette, sur le chemin d'Aix à Digne, avoit été exposé aux encheres, avant le Réglement fait par les Etats, & suivant les formalités qu'on observoit alors. Il ne s'est présenté d'Offrans, qu'après la publication du Réglement fait par les Etats. On a demandé si les encheres devoient être continuées suivant l'ancien usage, ou si la réparation devoit être de nouveau exposée aux encheres, en conformité du Réglement. Le Bureau a pensé qu'elle devoit être mise de nouveau aux encheres, & qu'on devoit suivre toutes les formalités prescrites par le Réglement.

Encheres pour la réparation, au Pas d'Auquette.

Ce qui a été délibéré.

Mondit Seigneur l'Evêque de Digne a dit: Que les Communautés de Rougiés, de Nans, & de Saint-Maximin se plaignent du mauvais état du chemin, depuis le cabaret de Nans jusques à Auriol. Le Bureau a pensé que le bail d'entretien de cette route devoit être résilié, qu'il conviendroit d'y établir des stationnaires, & qu'il seroit rendu compte de ce travail, & de la dépense, à l'Assemblée du quatrieme Novembre prochain.

Chemin de Nans à Auriol. Etablissement des stationnaires.

K

Ce qui a été délibéré.

Chemin de Manofque à St. Martin.
Mondit Seigneur l'Evêque de Digne a dit: Qu'on demandoit la réparation du chemin de Viguerie allant de Manofque à Saint-Martin. Le Bureau, inftruit de l'état de dégradation de ce chemin, & de l'importance de cette communication, a penfé que M. Neviere, Conful de Forcalquier, & Chef de Viguerie, affiftant à cette Affemblée, devoit être chargé d'en faire délibérer la réparation dans la prochaine Affemblée de la Viguerie.

Ce qui a été délibéré.

Piqueur employé par le Sr. Rouget dans fon Département.
Mondit Seigneur l'Evêque de Digne a dit: Que le fieur Rouget, Ingénieur au département de Draguignan, a été malade pendant une partie de l'année 1787, & de la préfente année 1788. Il a été obligé d'employer un Piqueur pour lui rendre compte de l'état des travaux, & des atteliers de fon Département. L'état des journées de ce Piqueur, à raifon de cinquante fols par jour, monte à la fomme de fix cent quatre-vingt-dix livres. Le Bureau a penfé qu'il y avoit lieu de faire payer cette fomme.

Ce qui a été délibéré.

Dépenfes faites fur le chemin de Cuers à Solliers.
Mondit Seigneur l'Evêque de Digne a dit: Que le fieur Millou avoit été chargé, enfuite d'un ordre de l'Adminiftration, de la réparation du chemin de Cuers à Solliers. Cet ordre a été annullé. Il a été fait un devis pour être expofé aux encheres. L'Entrepreneur demande

le payement de la dépense faite jusques à ce jour. On n'a pas remis au Bureau l'état de cette dépense visé par l'Ingénieur en chef & l'Ingénieur du Département.

L'Assemblée a renvoyé à statuer sur cette demande dans l'Assemblée du quatrieme Novembre prochain.

Mondit Seigneur l'Evêque de Digne a dit: Qu'il a été présenté au Bureau un état de dépense, montant à la somme de cent quarante-quatre livres dix-neuf sols, pour des poteaux d'indication qui ont été placés dans l'étendue du Département de Draguignan. En allouant cette dépense, le Bureau a observé qu'il conviendroit de proposer aux prochains Etats de statuer, qu'à l'avenir les bivoies seroient construites en pierre, & placées dans les endroits seulement, où elles seront d'une absolue nécessité. *Poteaux d'indication, dans le Département de Draguignan.*

Ce qui a été délibéré.

Mondit Seigneur l'Evêque de Digne a dit: Que le Bureau, sur la lecture du Procès-verbal du sieur Aubrespin, Ingénieur au Département d'Orgon, du 25 février dernier, avoit pensé qu'il n'y avoit lieu à délibérer sur la demande des Consuls d'Orgon, tendante à une augmentation aux digues construites dans ce terroir. *Digues d'Orgon.*

L'Assemblée a adopté l'avis du Bureau.

Mondit Seigneur l'Evêque de Digne a dit: Que l'Assemblée des Communautés de 1786 avoit *Digues de Barbentane.*

délibéré, fur la demande de la Communauté de Barbentane, que MM. les Procureurs du Pays feroient vérifier l'état du terroir de cette Communauté, pour conftruire, s'il étoit nécef-faire, des digues fur les bords du rhône. Cette vérification n'a point été faite. On la follicite aujourd'hui, & le Bureau a penfé que l'Ingé-nieur du Département devoit accéder fur les lieux, pour faire cette vérification, & en rendre compte à l'Affemblée du quatrieme Novembre.

Ce qui a été délibéré.

Digue de Me-rindol.

Mondit Seigneur l'Evêque de Digne a dit: Que des conteftations s'étoient élevées entre la Communauté de Malemort, M. le Commandeur d'Aix d'une part, & la Communauté de Merin-dol, fur une digue conftruite dans le terroir de cette derniere Communauté, & qu'on prétend être offenfive, & caufer un préjudice confidérable au terroir de Malemort, & au domaine de St. Jean, dépendant de la Commanderie d'Aix. Les Parties ont convenu de s'en rapporter à la décifion de MM. les Procureurs du Pays, qui voudront bien fe rendre fur les lieux avec les parties intéreffées, & leurs défenfeurs.

L'Affemblée a prié M. Pafcalis, Affeffeur d'Aix, Procureur du Pays, de vouloir bien fe charger de cette commiffion.

Chemin de Digne à Gau-bert.

Mondit Seigneur l'Evêque de Digne a dit: Que le chemin d'Aix à Digne, paffant par Eftoublon, étoit en très-mauvais état, dans la partie allant de Digne à Gaubert; c'eft la feule partie qui reste à réparer. Plusieurs ouvrages considérables, qui ont été faits sur cette route, deviendroient inutiles sans cette réparation. Le Bureau a pensé qu'on pourroit dépenser huit cent livres pour réparer cette partie de route, & qu'il falloit veiller avec exactitude à l'entretien de la totalité du chemin.

Chemin de Forcalquier à Manosque.

Mondit Seigneur l'Evêque de Digne a dit : Que la Communauté de Forcalquier demande que le chemin de Forcalquier à Manosque soit réparé. Le Bureau a pensé qu'il pouvoit être employé à ces réparations la somme de mille livres, à prendre sur les fonds de l'entretien des chemins, & que ce chemin ainsi réparé devoit être ensuite donné à l'entretien, aux formes du Réglement, & d'après le devis qui en sera dressé par l'Ingénieur du département.

Ce qui a été délibéré.

Chemin d'Apt à Forcalquier.

Mondit Seigneur l'Evêque de Digne a dit : Que la Viguerie de Forcalquier expose que les Vigueries d'Apt & de Forcalquier ont déja fait des avances considérables, pour la construction de la route d'Apt à Forcalquier. Elle demande que le Pays fasse rembourser la somme de quatre mille cinq cent livres à chacune des deux Vigueries, & que l'Ingénieur du département accede sur les lieux pour procéder à la vérification des ouvrages faits & à faire, déterminée par les Etats. Le Bureau a pensé, 1°. que le sieur Aubrespin, Ingénieur du département, devoit accéder incessamment sur les lieux pour travailler au toisé général, à la levée des plans

& devis général & estimatif de la totalité du chemin, pour le tout être référé à l'Assemblée du quatrieme Novembre prochain; 2°. que sur les plans & devis, il sera dressé des devis partiels, à l'effet de pouvoir exécuter ce chemin à parties brisées, en commençant par les parties les plus dégradées; 3°. qu'il sera fait rapport à l'Assemblée du quatrieme Novembre prochain de l'état des ouvrages faits, & de ceux à faire jusques à la concurrence de la somme de quarante-huit mille livres; 4°. qu'après l'emploi de ces quarante-huit mille livres, le Pays payera annuellement neuf mille livres, pour servir à la construction de ce chemin, conformément à la délibération de l'Assemblée générale du 15 Décembre 1786, & de celle des Etats.

Chemin du Bar au moulin de Brun.

Mondit Seigneur l'Evêque de Digne, a dit: Qu'on demandoit des réparations au chemin allant du Bar au moulin de Brun. Le Bureau a pensé que ce chemin, n'étant ni chemin de Province, ni chemin de Viguerie, ne pouvoit être à la charge du Pays.

Ce qui a été délibéré.

Chemin de Castellanne à Barreme.

L'Assemblée instruite que le chemin de Castellanne à Barreme exigeoit des réparations pressantes, dans le terroir de Senez, a délibéré que le sieur Bonnard, Ingénieur du département, en faisant sa tournée, examinera l'état de ce chemin, fera le devis des réparations nécessaires, pour être rapporté à l'Assemblée du quatrieme Novembre prochain.

Du onzieme dudit mois de Juin.

M. Pafcalis, Affeffeur d'Aix, Procureur du Pays, a fait part à l'Affemblée d'une lettre que MM. fes Collegues & lui venoient de recevoir, par laquelle M. l'Intendant leur marque que les nouvelles Ordonnances militaires foumettent les Communautés à fournir un logement en nature & des meubles, aux Officiers généraux employés dans les Provinces. Il leur annonce l'arrivée de ceux employés en Provence, & les invite à donner des ordres aux Communautés d'Aix & de Toulon, dans lefquelles ces Officiers doivent faire leur réfidence, pour leur fournir, à compter du premier Juillet prochain, un logement en nature & des meubles.

Lettre de M. l'Intendant, fur le logement en nature, & meubles pour les Officiers généraux employés dans les Provinces.

Lecture faite de cette lettre, il a été arrêté qu'elle feroit remife au Bureau des Affaires diverfes, & qu'il y feroit délibéré dans une autre féance.

Mgr. l'Evêque de Digne, Préfident du Bureau des Travaux publics, a dit : Que la Communauté d'Ayragues, Viguerie de Tarafcon, réclame les bons offices du Pays, pour engager cette Viguerie à faire conftruire le chemin d'Ayragues à Avignon. Le Bureau a penfé que MM. les Procureurs du Pays pourroient exhorter, par une lettre, les Chefs de Viguerie de Tarafcon à fe rendre aux defirs de la Communauté d'Ayragues.

Chemin d'Ayragues à Avignon.

Ce qui a été délibéré.

Digues sur Bleoune, dans le terroir des Syeyes.

Mondit Seigneur l'Evêque de Digne, a dit: Que M. le Marquis de Syeyes expose à l'Assemblée, qu'il a été attaqué par Madame la Marquise de Gaubert, en démolition des barricades construites dans le terroir des Syeyes, le long de la riviere de Bleoune. Il prétend que quelques-unes de ces barricades ont été construites par le Pays, & il a dénoncé à l'Administration la demande de Madame de Gaubert. Le Bureau instruit des raisons qui engagerent l'Assemblée du mois de Février dernier à déclarer, sur le rapport de l'Ingénieur du département, & d'après ses réponses aux différentes questions qui lui furent faites, que cette affaire étoit étrangere à l'Administration, a pensé qu'il n'y avoit lieu à délibérer sur la dénonciation faite par M. le Marquis de Syeyes.

L'Assemblée a adopté l'avis du Bureau.

Chemin d'Aix à Marseille.

Mondit Seigneur l'Evêque de Digne, a dit: Que MM. les Maire, Echevins & Assesseur de la ville de Marseille, avoient observé à l'Administration intermédiaire, que la construction du chemin de Marseille à Aix dans le terroir de Marseille seroit bientôt achevée, & qu'il seroit essentiel que le Pays fît construire les parties de ce chemin qui sont à sa charge sur cette route. Ils desiroient aussi que le Pays fît construire la partie de chemin, depuis l'extrémité du terroir de Marseille jusques au logis de la Pomme. Sur le premier objet, l'Administration a répondu, que les Etats avoient délibéré la dresse des plans & devis; & sur le second objet, le Bureau a pensé que s'agissant d'un chemin

de

de la Viguerie d'Aix, la demande devoit être portée à la prochaine Assemblée de cette Viguerie.

Ce qui a été délibéré.

Mondit Seigneur l'Evêque de Digne a dit : Que le nommé Vigne, habitant du Pellegrin, hameau de Saint-Vincent, Viguerie de Seyne, propose un changement, au pas dit *de Pellegrin*, qui rendra le chemin plus court & plus solide. Il offre de fournir gratuitement le sol du chemin en cette partie. Le Bureau a pensé que cette demande devoit être communiquée à l'Ingénieur du Département, & référée à l'Assemblée du quatrieme Novembre prochain.

Chemin de Digne à Seyne.

Ce qui a été délibéré.

Mondit Seigneur l'Evêque de Digne a dit : Que la Communauté de Merindol demande que l'Assemblée détermine les ouvrages nécessaires pour rendre praticable le chemin, depuis le Bac de Senas jusques à Merindol. Le Bureau a pensé qu'il falloit prendre des instructions, à l'effet de savoir si ce chemin est à la charge du Pays.

Chemin du Bac de Senas à Merindol.

Ce qui a été délibéré.

Mondit Seigneur l'Evêque de Digne a dit : Que sur la demande faite au nom de la Communauté de Sederon, le Bureau avoit pensé qu'on devoit écrire à cette Communauté, d'employer à la réparation d'un pont sur le chemin

Emploi à faire d'un Secours de 600 liv. accordé à la Communauté de Sederon.

L

de Viguerie, servant de communication avec le Dauphiné, le secours de six cent livres qui lui a été accordé en 1786, & de s'adresser à la Viguerie pour l'excédent de la dépense; comme aussi qu'il devoit être ordonné aux Consuls de faire paver la rue servant de passage au grand chemin.

Ce qui a été délibéré.

Demande de M. des Dourbes en démolition d'une digue construite dans le terroir de Digne.

Mondit Seigneur l'Evêque de Digne a dit: Que M. de Dourbes demande la permission de faire démolir une digue construite par le Pays, dans le terroir de Digne, & qu'il prétend porter préjudice à ses domaines. Cette demande, renouvellée plusieurs fois, a été constamment refusée par l'Administration; & le Bureau a pensé qu'il y avoit lieu de persister dans ce refus.

Ce qui a été délibéré.

Chemin d'Hieres à Solliers.

Mondit Seigneur l'Evêque de Digne a dit: Que M. le Maire Consul d'Hieres représente à l'Assemblée, que le chemin d'Hieres à Solliers n'est point entretenu, & se trouve conséquemment en très-mauvais état. Le Bureau a pensé que l'Ingénieur du Département devoit être chargé de faire les plans & devis, tant des réparations provisoires à faire, que d'une réparation fonciere plus solide & plus durable, pour le tout être rapporté à l'Assemblée du mois de Novembre prochain.

Communauté

Mondit Seigneur l'Evêque de Digne a dit:

Que le sieur Rèymonenc du lieu de la Roquebrussane se plaint d'une Délibération de la Communauté qui lui refuse le payement de la façade de sa maison. Le Bureau a pensé que cette affaire devoit être renvoyée à MM. les Procureurs du Pays.

de la Roquebrussanne. Maison du Sr. Reymonenc.

Ce qui a été délibéré.

Mondit Seigneur l'Evêque de Digne a dit: Qu'il y a des réparations pressantes à faire à la montée de Mirabeau, au sortir du Bac. La dépense est évaluée à douze cent trente livres. Le Bureau a pensé que ces réparations devoient être faites aux formes du Réglement.

Réparations au chemin au sortir du bac de Mirabeau.

Ce qui a été délibéré.

Mondit Seigneur l'Evêque de Digne a dit: Qu'on a demandé au Bureau la continuation d'un déblai commencé sur la route d'Aix en Italie, près la poste de la Galiniere. Le Bureau a pensé que l'Ingénieur du Département devoit être chargé d'en rendre compte à l'Assemblée du mois de Novembre prochain.

Réparations sur la route d'Aix en Italie, près le logis de la Galiniere.

Ce qui a été délibéré.

Mondit Seigneur l'Evêque de Digne, a dit: Que la Communauté de Saint-Martin de Bromes sollicite quelques reparations sur le chemin d'Aix à Moustiers dans l'étendue de son terroir. Le Bureau a observé qu'on avoit déja travaillé à rendre cette route praticable, & qu'en

Chemin d'Aix à Moustiers, dans le terroir de St. Martin de Bromes.

L ij

approuvant cette dépense, il falloit renvoyer à délibérer dans l'Assemblée du mois de Novembre prochain, sur les autres réparations demandées.

L'Assemblée a adopté l'avis du Bureau.

Demande de M. le Comte de Castellanne, en démolition d'un chevalet, auprès de la prise d'eau du canal de Craponne.

Mondit Seigneur l'Evêque de Digne, a dit: Que M. le Comte de Castellanne, Seigneur de Cadenet, demande qu'il lui soit permis de faire démolir des chevalets que l'Œuvre de Crapone avoit fait passer auprès de la prise d'eau; il prétend que cet ouvrage, abandonné depuis long-tems, est nuisible au terroir de Cadenet. Le Bureau a pensé que MM. les Procureurs du Pays devoient être chargés de référer la demande de M. le Comte de Castellanne à MM. les Administrateurs de l'Œuvre de Crapone.

Ce qui a été délibéré.

L'Assemblée se rend chez Mgr. le Comte de Caraman, pour lui donner connoissance de la Délibération du 2 de ce mois.

Au sortir de la séance, l'Assemblée s'est rendue chez Mgr. le Comte de Caraman. On n'a suivi dans la marche aucun ordre, aucune distinction de rang, le tout sans préjudice des droits respectifs. Mgr. l'Evêque de Fréjus a donné connoissance à Mgr. le Comte de Caraman de la délibération du deux de ce mois, & lui en a remis un extrait. Mgr. l'Evêque de Fréjus a exposé avec dignité & énergie les droits & les titres du Pays, & le zele inébranlable des Administrateurs à les maintenir. Mgr. le Comte de Caraman a répondu à l'Assemblée d'une maniere honnête & obligeante, après quoi l'Assemblée s'est retirée & a reconduit chez lui Mgr. l'Evêque de Fréjus.

Du douzieme dudit mois de Juin.

FRere Chrisostome de Gaillard, Chevalier de l'Ordre de St. Jean de Jerusalem, Commandeur de Beaulieu, Procureur du Pays joint renforcé pour le Clergé, est entré dans l'Assemblée, à laquelle il n'avoit pu se rendre plutôt pour cause de maladie, & a pris sa place.

Arrivée de M. de Gaillard, Commandeur de Beaulieu.

L'Assemblée a remercié Mgr. l'Evêque de Fréjus d'avoir représenté hier à Mgr. le Comte de Caraman, avec autant de dignité que de fermeté, les droits, les titres du Pays, & les sentimens des Administrateurs.

Remercimens à Mgr. l'Evêque de Fréjus.

Mgr. l'Evêque de Senez, Président du Bureau des Affaires diverses, a dit: que le Bureau s'est occupé de la demande contenue dans la lettre de M. l'Intendant à MM. les Procureurs du Pays, au sujet du logement en nature & des meubles que les nouvelles Ordonnances soumettent les Communautés à fournir aux Officiers généraux employés dans les Provinces. Cette fourniture est contraire aux droits, aux titres du Pays, & aux traités faits avec le Gouvernement; elle n'est pas moins contraire à l'usage constamment suivi en Provence, où on n'a jamais payé le logement des Officiers généraux qu'en argent; elle donneroit lieu d'ailleurs à un arbitraire indéfini. Le Bureau a pensé que MM. les Procureurs du Pays devoient répondre à M. l'Intendant que l'Administration intermédiaire ne pouvoit consentir à cette demande, ni donner, quant à ce, des ordres aux Communautés.

Logement en nature & meubles pour les Officiers généraux.

Ce qui a été délibéré.

Hospices pour des Eleves dans l'art des accouchemens.

L'Affemblée s'eft enfuite occupée des moyens d'établir en Provence, un ou plufieurs hofpices pour former des Eleves de l'un & de l'autre fexe dans l'art des accouchemens. Elle a entendu le rapport qui lui a été fait par Mgr. l'Evêque de Senez, des obfervations faites par le Bureau des Affaires diverfes, & elle a délibéré que cette affaire & tous les détails dont elle eft fufceptible, feront référés à l'Affemblée du mois de Novembre prochain. Elle a prié MM. les Procureurs du Pays de rapporter à cette Affemblée des mémoires inftructifs fur les moyens de former avec folidité un établiffement aufli utile.

Bâtards. Nourrices.

Mgr. l'Evêque de Senez, a dit: Que l'Affemblée renforcée du premier Février dernier avoit chargé MM. les Procureurs du Pays d'écrire à M. le Contrôleur général, pour obtenir de Sa Majefté un encouragement en faveur des nourrices qui fe chargeroient d'enfans trouvés pris aux Hôpitaux. M. l'Affeffeur a expofé dans fa relation les motifs qui avoient retardé l'exécution de cette délibération. Le Bureau a applaudi aux obfervations faites par M. l'Affeffeur; il les a adoptées, & il propofe en conféquence à l'Affemblée de délibérer que MM. les Procureurs du Pays, en follicitant un encouragement en faveur des nourrices qui fe chargeront d'enfans trouvés pris aux Hôpitaux, demanderont en même tems, que chacune des nourrices ait le droit de procurer, ou à fon fils, ou à fon frere, ou à fon beau-frere, ou à fon neveu germain, l'exemption du tirage à la milice; qu'ils écriront à cet effet à M. le Contrôleur général & à M. le Comte de Brienne, Ministre de la guerre, & que Mgr. l'Archevêque d'Aix & MM. les Députés des États à la Cour seront priés de donner tous leurs soins au succès de cette demande.

Le Bureau a entendu aussi, avec la plus vive satisfaction, des réflexions judicieuses proposées par M. le Commandeur de Gaillard. Elles tendent à suppléer à la disette des nourrices, en introduisant en Provence une méthode qu'il a vu pratiquer avec succès dans le Gevaudan, où on donne au besoin, ou suivant les circonstances, aux enfans nouveaux nés du lait de vache & du sirop de melasse. MM. les Procureurs du Pays pourroient être chargés de conférer avec MM. les Recteurs des Hôpitaux sur cette méthode & sur les moyens de l'employer avec succès en Provence. *Moyen de suppléer à la disette des nourrices.*

L'Assemblée a adopté l'avis du Bureau, relativement aux deux objets énoncés dans la proposition.

Mondit Seigneur l'Evêque de Senez, a dit : Que l'Assemblée renforcée du premier Février dernier avoit chargé MM. les Procureurs du Pays de faire un Réglement entre le Trompette & les Messagers-Serviteurs du Pays, pour la distribution des émolumens, soit des tournées, soit des messages. MM. les Procureurs du Pays ont rapporté au Bureau les motifs qui les avoient engagés à suspendre ce Réglement. Ils ont proposé de décider qu'à l'avenir le Trompette, ou le Messager-Serviteur du Pays, qui accompagnera MM. les Procureurs du Pays en tournée, *Réglement entre le Trompette & les Serviteurs du Pays.*

aura la moitié du produit net des amendes prononcées contre les Charretiers en contravention, & que l'autre moitié fera verfée en bourfe commune entre le Trompette & les quatre Meffagers-Serviteurs. Le Bureau a penfé que ces arrangemens devoient être laiffés à la difpofition de MM. le Procureurs du Pays.

Ce qui a été délibéré.

Chemin de St. Zacharie à Auriol.

Monfeigneur l'Evêque de Digne, Préfident du Bureau des Travaux publics, a dit: Que MM. les Confuls de Brignoles fe plaignent du mauvais état du chemin de St. Zacharie à Auriol, fur la route de Brignoles à Marfeille. Le Bureau a penfé que le bail actuel de l'entretien devoit être réfilié, & qu'il devoit être dreffé un nouveau devis d'entretien qui fera expofé aux encheres & délivré aux formes du Réglement.

Ce qui a été délibéré.

Demande de plufieurs Entrepreneurs pour la premiere recette.

Mondit Seigneur l'Evêque de Digne a dit: Que l'Entrepreneur du chemin de Tourves à St. Julien, depuis la bivoie de Brignolles, jufques au pont de Carami, l'Entrepreneur de la troifieme & quatrieme partie des conftructions du chemin de la Valette à Solliers, & l'Entrepreneur d'une partie du chemin de Mane à Forcalquier, demandent qu'il foit procédé à la premiere recette de leur prix fait. Le Bureau a penfé qu'on devoit procéder à la recette de ces prix-faits, aux formes du Réglement.

Ce qui a été délibéré.

Mondit

Mondit Seigneur l'Evêque de Digne a dit : *Tranfport des pierres pour le chemin de Toulon à la Valette.* Que l'Entrepreneur du chemin de Toulon à la Valette va reprendre fes travaux. Il defireroit que l'Adminiftration écrivit à MM. les Confuls de Toulon, pour lui faciliter les moyens d'obtenir un paffage direct, pour le tranfport des pierres qu'il extrait dans la carriere de M. Aguillon, en payant par lui les dommages qu'il pourroit caufer. Le Bureau a penfé que MM. les Procureurs du Pays devoient être chargés d'écrire, à cet effet, aux Confuls de Toulon.

Ce qui a été délibéré.

Mondit Seigneur l'Evêque de Digne a dit : *Digues dans le terroir des Mées.* Que la Communauté des Mées demande que l'Ingénieur du Département foit autorifé à vifiter les bords de la Durance dans fon terroir, & à faire le projet des digues néceffaires à fa défenfe. Elle demande encore que le Pays veuille bien contribuer à la conftruction de ces digues. Le Bureau a penfé que la Communauté des Mées devoit s'adreffer aux prochains Etats.

Ce qui a été délibéré.

Mondit Seigneur l'Evêque de Digne a dit : *Chemin d'Hieres à Toulon.* Que le Bureau a reconnu la néceffité de faire procéder à des réparations fur le chemin d'Hieres à Toulon, pour former l'embranchement du chemin actuel, à la nouvelle conftruction de la route de la Valette à Solliers. Ces reparations peuvent être évaluées à huit cent livres. Le Bureau a penfé que MM. les Procureurs du Pays devoient être autorifés à faire dreffer le

M

devis de ces réparations, & à y faire procéder des fonds provenant de l'impofition faite pour les ponts & chemins.

Ce qui a été délibéré.

Chemin de Colmars au Villard.

Mondit Seigneur l'Evêque de Digne a dit: Que le chemin de Colmars au Villard a été réparé & élargi. Cette augmentation de largeur exige une augmentation d'entretien. Le prix actuel eft à deux cent quarante livres. L'augmentation le porteroit à trois cent livres. Le Bureau a penfé que cette augmentation devoit être allouée.

Ce qui a été délibéré.

Renvoi de plufieurs demandes à l'Affemblée du 4 Novembre prochain.

Mondit Seigneur l'Evêque de Digne a dit: Que le Bureau avoit penfé qu'on devoit renvoyer à l'Affemblée du quatrieme Novembre prochain, l'examen des plans & devis déja faits pour la conftruction d'un pont fur la riviere de Saffe, dans le terroir de Sifteron; la demande du fieur Pafcalis du lieu du Vernet, en contribution de la part du Pays à l'entreprife très-utile d'un canal d'arrofage dans le terroir dudit lieu; la demande d'un pont néceffaire pour paffer le torrent de Lacombe; l'examen des plans & devis ordonnés par la précédente Affemblée pour la réparation du chemin de feconde claffe de cannes à Graffe, à l'effet d'y être pourvu, fur la totalité des réparations néceffaires.

Qu'il fera également rendu compte à lad. Affemblée du quatrieme Novembre, de l'examen que le Sr. Bonnard, Ingénieur du Pays, aura fait fur les lieux des plans & mémoires fur la digue conftruite à Ribies dans le Dauphiné, à l'oppofite du terroir de Mifon, & qui a excité les plaintes de cette Communauté, & de toute la Viguerie de Sifteron. Il a également penfé qu'on devoit renvoyer aux prochains Etats la demande en conftruction du chemin de Draguignan à Graffe.

L'Affemblée a adopté l'avis du Bureau, fur tous les objets référés dans le rapport ci-deffus.

Mondit Seigneur l'Evêque de Digne a dit: Que les parapets du pont du Buech, dans le terroir de Sifteron, exigent des réparations qui font devenues indifpenfables. Le Bureau a penfé que ces réparations devoient être faites, & il a obfervé qu'à l'avenir l'entretien des parapets d'un pont devoit être compris dans le devis d'entretien de cette partie de la route, en conformité du nouveau Réglement. *Réparations au pont de Buech, terroir de Sifteron.*

L'Affemblée a adopté l'avis du Bureau, & l'obfervation qui en fait partie.

Du treizieme dudit mois de Juin.

L'Affemblée a chargé MM. les Procureurs du Pays d'adreffer à MM. les Députés des Etats à la Cour, un extrait de la Délibération prife dans la féance du 2 de ce mois, au fujet des nouveaux Edits tranfcrits dans les regiftres des Cours, le 8 Mai dernier. Elle efpere que Monfeigneur l'Archevêque d'Aix, & MM. les Députés des Etats, voudront bien employer, en *Envoi à MM. les Députés des Etats à la Cour de la délibération du 2 de ce mois, au fujet des nouveaux Edits.*

faveur du Pays, leurs foins & leur crédit.

Affouagement & afflorinement général.

M. Pafcalis, Affeffeur d'Aix, Procureur du Pays, a rendu compte à l'Affemblée des conférences qui ont lieu entre M. Gaffier, Syndic de robe de la Nobleffe, M. Reguis, Conful de Sifteron, & lui, en exécution de la Délibération de l'Affemblée du premier Février dernier, au fujet de l'opération conjointe de l'affouagement & de l'afflorinement général. Cette affaire n'étant point encore entiérement difcutée, l'Affemblée a délibéré que les conférences feront continuées, & elle a prié MM. les Procureurs du Pays d'en rapporter le réfultat à l'Affemblée du quatrieme Novembre prochain.

Recours d'eftimation du prix des maifons & terreins.

Monfeigneur l'Evêque de Digne, Préfident du Bureau des travaux public, a dit: Que le fieur Jean-Baptifte Supriot, Boulanger à St. Zacharie, a déclaré recours du rapport d'eftimation du fol qui lui a été pris pour l'agrandiffement du chemin de Brignolles à Marfeille, au fortir du Village de St. Zacharie; que le nommé Jean-Baptifte Toucas du lieu de Solliers, a également déclaré recours du rapport d'eftimation d'une partie du terrain pris pour l'emplacement du chemin de la Valette à Solliers. Le Bureau à penfé qu'il devoit être procédé à la vuidange de ces deux recours, conformément aux articles 1 & 2 du tit. 2 du liv. 7 du Réglement.

Ce qui a été délibéré.

Contravention aux Réglemens

Mondit Seigneur l'Evêque de Digne a dit : Qu'au commencement de l'année 1786, le Sr.

Heraut du lieu de Tourves fut condamné par l'Adminiftration à payer la dépenfe faite par le fieur Gueydon, Entrepreneur, pour rétablir un mur à lui appartenant, & enlever les décombres & les terres éboulées. Cette dépenfe monte à vingt-trois livres dix fols, que le fieur Heraut a conftamment refufé de payer à l'Entrepreneur. Le Bureau a penfé que cette affaire devoit être renvoyée à MM. les Procureurs du Pays, pour pourfuivre le rembourfement, dans les formes prefcrites par les Réglemens.

pour les travaux publics, dans le terroir de Tourves.

Ce qui a été délibéré.

Mondit Seigneur l'Evêque de Digne a dit : Que la Communauté de Cuers réclame l'agrandiffement de la rue fervant de paffage au grand chemin du Luc à Toulon.

Agrandiffement de rues fervant de paffage au grand chemin.

Qu'il feroit également néceffaire d'agrandir la rue, dans le Village du Val, fervant de paffage au grand chemin de Brignoles à Barjols. Le Bureau a penfé que l'Ingénieur du Département devoit être chargé de lever le plan de ces deux rues, & de les référer à l'Affemblée du quatrieme Novembre prochain.

Ce qui a été délibéré.

Mondit Seigneur l'Evêque de Digne a dit : Que le fieur Rigoard fait bâtir une maifon fur le chemin de Brignoles au Luc, au fortir de Brignoles. On craint que cette maifon ne nuife à l'agrandiffement projetté fur cette partie de la route. Le Bureau a penfé que l'Ingénieur du

Chemin de Brignoles au Luc. Levée du plan.

Département devoit être chargé de lever le plan du local, d'avertir, s'il y a lieu, le sieur Rigoard, & de référer le tout à l'Assémblée du quatrieme Novembre prochain.

Ce qui a été délibéré.

Emploi du secours accordé à la Communauté de Mazaugues.

Mondit Seigneur l'Evêque de Digne a dit : Que la Communauté de Mazaugues a obtenu, dans la derniere répartition, un secours de huit cent livres pour être employé au chemin de Mazaugues à St. Maximin, dans son terroir. Il a été fait un devis pour l'emploi de cette somme. Le Bureau a pensé que ce devis devoit être mis aux encheres, à la forme de Réglement.

Ce qui a été délibéré.

Communauté d'Aubagne. Rejet de la demande en remboursement.

Mondit Seigneur l'Evêque de Digne a dit : La Communauté d'Aubagne fit construire en 1784 la partie de route de Marseille à Toulon, depuis l'extrêmité de la rue jusques aux maisons les plus éloignées, dans l'étendue du *vol du Chapon*. Depuis lors le Pays a déterminé de construire à l'avenir, à ses frais, toutes les parties de route qui sont hors des rues. La Communauté d'Aubagne fait valoir cette Délibération, & elle voudroit lui donner un effet rétroactif, pour obtenir le remboursement de la dépense qu'elle a faite en 1784. Le Bureau a pensé que cette demande ne pouvoit être accordée.

L'Assemblée a adopté l'avis du Bureau.

Mondit Seigneur l'Evêque de Digne, a dit: Qu'en 1770 des circonstances particulieres donnerent lieu à faire procéder au Greffe des Etats, à la délivrance d'un chemin de Viguerie de Barjols à Lorgues. La premiere recette fut accordée à l'Entrepreneur en 1775. La seconde recette a eu lieu en 1787. L'Entrepreneur desire que la Viguerie lui paye la somme qui avoit été laissée dans sa caisse, pour sûreté jusques après la seconde recette. Le Bureau a pensé que MM. les Procureurs du Pays devoient être chargés d'écrire à la Viguerie de Barjols pour payer cet Entrepreneur.

Chemin de Viguerie de Barjols à Lorgues.

Ce qui a été délibéré.

Mondit Seigneur l'Evêque de Digne, a dit: Que les Etats avoient délibéré la construction d'un ponceau sur le chemin allant de St. Remi aux antiquités. L'Assemblée du mois de Février dernier avoit délibéré que le devis seroit rapporté à cette Assemblée. Ce devis n'est pas encore fait, & le Bureau a pensé qu'il devoit être rapporté à l'Assemblée du quatrieme Novembre prochain.

Pont sur le chemin de St. Remi, aux Antiquités.

Ce qui a été délibéré.

Mondit Seigneur l'Evêque de Digne, a dit: Qu'on a demandé au Bureau d'allouer deux états de dépense, l'un de trente-deux livres cinq sols pour des réparations faites au chemin de Brignoles à Barjols, & l'autre de cent quarante-sept livres sur la route d'Aix à Toulon, dans le terroir de Fuveau. Le Bureau, en consentant

Réparations sur le chemin de Brignoles à Barjols, & d'Aix à Toulon.

à allouer ces deux états de dépenſe, a obſervé qu'ils n'étoient pas revêtus des formalités preſcrites par l'art. 11 du tit. premier du liv. 4 du Réglement; & il a penſé qu'il devoit être enjoint aux Ingénieurs de s'y conformer exactement à l'avenir.

Entretien du chemin d'Aix à Siſteron, terroir de Peyruis.

Mondit Seigneur l'Evêque de Digne, a dit: Qu'une partie de la route d'Aix à Siſteron, dans le terroir de Peyruis, n'eſt point donnée à l'entretien. Le Bureau a penſé que l'Ingénieur du département devoit être chargé de faire un devis d'entretien.

Ce qui a été délibéré.

Plaintes de Mr. de Saporta ſur des ouvrages offenſifs dans le terroir de Goult.

Mondit Seigneur l'Evêque de Digne a dit: Que M. de Saporta de la ville d'Apt ſe plaint des dommages cauſés à ſes domaines par la digue que le Pays a fait conſtruire ſur le Calavon dans le terroir de Goult pour la defenſe du chemin d'Apt à Avignon. Le Bureau a propoſé de délibérer que le plan du local dreſſé par l'Ingénieur du département ſera communiqué à M. de Saporta, pour faire part enſuite à l'Adminiſtration de ſes obſervations; & dans le cas où M. de Saporta objecteroit l'inexactitude du plan, un de MM. les Procureurs du Pays accéderoit ſur les lieux avec un Ingénieur, autre que celui du département.

Ce qui a été délibéré.

Communauté de Jarjaye. De-

Mondit Seigneur l'Evêque de Digne, a dit: Que la Communauté de Jarjaye demande la conſtruction conftruction d'un pont de communication fur le Jabron, dans fon terroir. Une digue a déja été établie. Elle doit fervir de culée à ce pont. De fon côté, le Seigneur fe plaint que cette digue eft offenfive pour les domaines qui lui appartiennent. Il demande, ou la démolition de la digue, ou la conftruction du pont auquel elle doit fervir de culée. Le Bureau a penfé que l'Ingénieur du Département devoit être chargé, en conformité de l'article 1 & 2 du tit. 1 du liv. 3 du Réglement des Etats, de faire les plans & les nivellemens, de dreffer un mémoire inftructif de l'état des lieux, de l'emplacement projetté pour la conftruction du pont & de la depenfe, pour le tout être référé à l'Adminiftration, qui en fera part à l'Affemblée renforcée du quatrieme Novembre prochain. *mande en conftruction d'un pont fur le Jabron.*

Ce qui a été délibéré.

Mondit Seigneur l'Evêque de Digne a dit: Que le Bureau croit devoir propofer à cette Affemblée, de délibérer qu'il fera fait fur le pont de Vinon, ainfi que fur tous les ponts qui feront conftruits à l'avenir, un pavé bombé fur fa largeur, & pofé fur un lit de maçonnerie, pour empêcher le féjour des eaux; & des gargouilles en pierre de taille, & d'une feule piece, pour jetter les eaux hors du pont. *Pont de Vinon. Conftruction des parapets.*

Ce qui a été délibéré.

Mondit Seigneur l'Evêque de Digne a dit: Que fur le compte qui a été rendu à l'Affemblée, de l'exécution des Délibérations prifes par les *Obfervations du Bureau des travaux publics.*

Etats, relativement aux travaux publics, le Bureau a cru devoir obferver à cette Affemblée,

1°. Que les devis du chemin d'Aix à Marfeille, dans le terroir des Pennes, doivent être remis au Greffe des Etats.

2°. Que les plans & devis du chemin de Venelles à Meirargues, délibérés par les Etats, & les tableaux de la dépenfe totale, pour être comparés aux moyens, n'ont pas été rapportés à l'Affemblée du premier février dernier; qu'ils auroient dû au moins être faits actuellement, & mis fous les yeux de la préfente Affemblée; & qu'il doit être ordonné expreffément à l'Ingénieur du Pays, de les rapporter à l'Affemblée du quatrieme Novembre prochain, fans que d'ici à cette époque, il puiffe être fait aucune adjudication partielle de ce chemin.

L'Affemblée a adopté les obfervations propofées par le Bureau.

Regiftres pour la tranfcription de tout ce qui a trait aux travaux publics.

Mondit Seigneur l'Evêque de Digne a dit: Que le Bureau s'eft fait repréfenter les regiftres tenus par les foins & par l'ordre de MM. les Procureurs du Pays, pour la tranfcription des lettres, ordres, & de tout ce qui eft relatif à l'adminiftration des travaux publics. Le Bureau a reconnu l'utilité de cet établiffement, & la néceffité de le continuer, par les lumieres qu'il répand fur toutes les opérations.

Ce qui a été délibéré.

Du quatorzieme dudit mois de Juin, & dans la maison de M. le Marquis de Roquefort, où est logé Monseigneur l'Evêque de Fréjus.

MM. les Procureurs du Pays ont présenté à l'Assemblée l'état des mandemens à expédier, jusques au quatrieme Novembre prochain, sur les fonds procédans de l'imposition pour la construction, réparation & entretien des ponts & chemins; ils ont remis également l'état des mandemens à expédier jusques à la même époque, sur tous les autres objets d'imposition délibérés par les Etats.

Rémission des états des mandemens à expédier jusques au quatrieme novembre prochain.

Ces états ont été lus à l'Assemblée, signés par Monseigneur l'Evêque de Fréjus, & remis au Greffe.

Mondit Seigneur l'Evêque de Digne, Président du Bureau des travaux publics, a dit: Que le pont construit depuis trois ans à Carnoulles, sur la route de Toulon à Antibes, présente quelques effets inquiétans qui font craindre pour sa solidité. Le Bureau a entendu le rapport qui lui a été fait par l'Ingénieur du Département; & il a pensé qu'il devoit être fait une nouvelle vérification, dans l'objet de comparer l'état actuel du pont, avec l'état constaté par l'Ingénieur du Département; & qu'après cette vérification, l'Ingénieur fera passer un enduit sur toutes les parties qui ont souffert, afin que l'on puisse s'appercevoir ensuite des progrès de la dégradation.

Pont de Carnoulles.

Ce qui a été délibéré.

Chemin dans l'étendue de différens péages.

Mondit Seigneur l'Evêque de Digne a dit : Que le mauvais état du chemin dans l'étendue du péage de la Brillanne, sur la route d'Aix à Sisteron, est constaté par le procès-verbal de l'Ingénieur du Département. Le Bureau a pensé qu'il devoit être proposé aux prochains Etats, de demander que MM. les Procureurs du Pays soient autorisés à enjoindre aux Seigneurs péagers, de pourvoir à l'entretien & réparation des chemins qui sont à leur charge; & qu'à défaut, ils soient autorisés à faire procéder, aux frais & dépens desdits Seigneurs péagers, pour le remboursement desquels ils seront contraints sur la quittance des ouvriers, & que la Délibération qui interviendra sera homologuée par un Arrêt du Conseil.

Ce qui a été délibéré.

Entretien des travaux de Fréjus.

Mondit Seigneur l'Evêque de Digne a dit: Que les ouvrages faits à Fréjus étant sur le point d'être entiérement achevés, il est nécessaire d'établir un entretien suivi, à commencer du moment où les travaux seront perfectionnés. Le Bureau a pensé que le sieur Sigaud, Ingénieur du Pays chargé de la conduite de ces travaux, devoit dresser un devis d'entretien pour, sans préjudice de la responsion de l'Entrepreneur des constructions, le cas y échéant, être mis aux encheres, aux formes du Réglement.

Ce qui a été délibéré.

Mondit Seigneur l'Evêque de Digne a dit : Que le sieur Rostagni, propriétaire d'un terrain à bâtir, à la sortie du Village du Luc, demande la révocation de l'alignement donné, il y a plusieurs années, & le retour à un alignement qui avoit été déterminé par l'Administration, en 1783 & 1784.

Demande du sieur Rostagni pour l'alignement de son auberge dans la rue du Luc.

L'Assemblée a délibéré que cette demande sera référée à l'Assemblée du quatrieme Novembre prochain qui y statuera, d'après les éclaircissemens que Monseigneur l'Evêque de Fréjus a bien voulu promettre de prendre, à cet effet, à son passage au Luc.

Mondit Seigneur l'Evêque de Digne a dit : Que deux particuliers chargés de l'entretien d'une partie du chemin de Riez à Castellanne, & de Moustiers à Estoublon, ont continué les travaux d'entretien pendant huit mois après l'expiration de leur bail. Ils réclament une indemnité. Le Bureau a pensé qu'on pourroit leur accorder deux cent quarante livres.

Indemnités à différens Entrepreneurs des chemins.

Ce qui a été délibéré.

Mondit Seigneur l'Evêque de Digne a dit : Qu'en 1787 l'Ingénieur du Pays au Département de Digne, fit faire une réparation pressante aux parapets de Negrel, sur la route d'Aix à Sisteron. La dépense monte à soixante-quatre livres. Cette somme est due à l'Entrepreneur qui n'étoit pas chargé par son bail de l'entretien des Parapets. Le Bureau a pensé que cette somme devoit être payée.

Réparations à la montée de Negrel, sur la route d'Aix à Sisteron.

Ce qui a été délibéré.

Pont de Bevron sur le chemin de Forcalquier à Digne.

Mondit Seigneur l'Evêque de Digne a dit: Que le pont de Brevon, fur le chemin de feconde claffe de Forcalquier à Digne, exigeoit des réparations urgentes qui conferveroient un mur en aile, affouillé par les eaux. L'Ingénieur du Département y a fait procéder. La dépenfe monte à la fomme de foixante livres. Le Bureau a penfé que cette fomme devoit être allouée.

Ce qui a été délibéré.

Payement des dommages dans la propriété de Madame de Lepine.

Mondit Seigneur l'Evêque de Digne a dit: Qu'il a été préfenté au Bureau, l'état des dommages caufés dans les domaines de Madame de Lepine, pour les préparatifs d'emplacement du chemin de Toulon à la Valette, fuivant l'ancien projet. Ces dommages font évalués à la fomme de mille quarante-une livres dix fols. Ils font partie de la totalité de la dépenfe du chemin, fuivant le nouveau projet adopté par l'Affemblée. Le Bureau a penfé que cette fomme devoit être payée à Madame de Lepine.

Ce qui a été délibéré.

Baux d'entretien.

L'Affemblée ayant pris connoiffance des baux d'entretien qu'il y a lieu de réfilier, & des chemins qui ne font point entretenus, dans l'étendue du Département de Brignoles, fuivant l'état qui en a été remis par l'Ingénieur.

A délibéré que ces baux feroient réfiliés, qu'il feroit fait des nouveaux devis d'entretien, pour être expofés aux encheres, & adjugés aux formes du Réglement, en obfervant de divifer, autant qu'il fera poffible, l'étendue du chemin à donner à l'entretien, conformément au vœu des Etats.

L'Affemblée a de plus délibéré, qu'il fera fait par chaque Ingénieur, dans l'étendue de fon Département, des fouilles pour connoître les minieres de matériaux & de gravier néceffaires pour l'entretien des chemins, & ce d'après les ordres de MM. les Procureurs du Pays. *Fouilles des matériaux & graviers.*

Mondit Seigneur l'Evêque de Digne a dit: Qu'on demandoit le changement de l'emplacement du pont de la Fleur fur le Verdon, dans le terroir d'Allons, qui exige, dit-on, une nouvelle conftruction. *Pont fur le Verdon, dans le terroir d'Allons*

L'Affemblée a déclaré qu'il n'y a pas lieu, en l'état, à changer l'emplacement de ce pont, & que l'Ingénieur du Département fera procéder aux menues réparations d'entretien qui peuvent empêcher la chûte du pont.

Mondit Seigneur l'Evêque de Digne a dit: Que le chemin de Comps à Entrevaux a été entretenu par économie jufques à ce jour. La dépenfe montoit annuellement de mille à douze cent livres. *Chemin de Comps à Entrevaux.*

L'Affemblée a délibéré d'allouer la dépenfe faite jufques à ce jour, & que pour l'avenir il fera fait un devis d'entretien en conformité du Réglement, pour le bail être enfuite adjugé aux encheres.

Fait & publié à Aix, le quatorzieme Juin mil sept cent quatre-vingt-huit.

† EMM. FR. Evêque de Fréjus, Procureur du Pays joint pour le Clergé.

† J. J. V. Evêque de Senez, Procureur du Pays joint pour le Clergé.

† FR. Evêque de Digne, Procureur du Pays joint renforcé pour le Clergé.

LE COMMANDEUR DE GAILLARD, Procureur du Pays joint renforcé pour le Clergé.

DEMANDOLX LA PALU, Maire premier Conful d'Aix, Procureur du Pays.

PASCALIS, Affeffeur d'Aix, Procureur du Pays.

ST. FERREOL, Conful d'Aix, Procureur du Pays.

GERARD, Conful d'Aix, Procureur du Pays.

LOMBARD DE GOURDON, Procureur du Pays joint pour la Nobleffe.

VILLENEUVE BARGEMON, Procureur du Pays joint pour la Nobleffe.

CASTELLANNE MAZAUGUES, Procureur du Pays joint renforcé pour la Nobleffe.

SADE

SADE D'EYGUIERES, Procureur du Pays joint renforcé pour la Noblesse.

NEVIERE, Maire premier Consul de Forcalquier, Procureur du Pays joint pour le Tiers-Etat.

REGUIS, Maire premier Consul de Sisteron, Procureur du Pays joint pour le Tiers-Etat.

MOUGINS ROQUEFORT, Maire premier Consul de Grasse, Procureur du Pays joint renforcé pour le Tiers-Etat.

BERNARD, Maire premier Consul d'Hieres, Procureur du Pays joint renforcé pour le Tiers-Etat.

DE REGINA, Greffier des Etats de Provence.   RICARD, Greffier des Etats de Provence.

Nota. Le procès-verbal de chaque Séance a été signé à l'original, par Mgr. l'Evêque de Fréjus, Procureur du Pays joint pour le Clergé.